**DE
REPENTE**

R$ 53,00

Nanda Carvalho

DE REPENTE, 60

UMA JORNADA
PARA VIVER MAIS
E MELHOR

© Maria Fernanda Carvalho, 2024
Todos os direitos desta edição reservados à Editora Labrador.

Coordenação editorial PAMELA J. OLIVEIRA
Assistência editorial LETICIA OLIVEIRA, VANESSA NAGAYOSHI
Direção de arte AMANDA CHAGAS
Capa HELOISA D'AURIA
Projeto gráfico MARINA FODRA
Diagramação EMILY MACEDO SANTOS
Preparação de texto RENATA SIQUEIRA CAMPOS
Revisão DANIELA GEORGETO

Dados Internacionais de Catalogação na Publicação (CIP)
Jéssica de Oliveira Molinari - CRB-8/9852

CARVALHO, MARIA FERNANDA

De repente, 60 : uma jornada para viver mais e melhor / Maria Fernanda Carvalho.
São Paulo : Labrador, 2024.
144 p.

ISBN 978-65-5625-726-6

1. Carvalho, Maria Fernanda – Autobiografia 2. Saúde mental
I. Título

24-4686   CDD 920.72

Índice para catálogo sistemático:
1. Carvalho, Maria Fernanda – Autobiografia

Labrador

Diretor-geral DANIEL PINSKY
Rua Dr. José Elias, 520, sala 1
Alto da Lapa | 05083-030 | São Paulo | SP
editoralabrador.com.br | (11) 3641-7446
contato@editoralabrador.com.br

A reprodução de qualquer parte desta obra é ilegal e configura uma apropriação indevida dos direitos intelectuais e patrimoniais da autora. A editora não é responsável pelo conteúdo deste livro. A autora conhece os fatos narrados, pelos quais é responsável, assim como se responsabiliza pelos juízos emitidos.

Este livro é dedicado a todas as mulheres que, com coragem e determinação, enfrentam os desafios da vida e transformam o mundo ao seu redor.

À minha mãe, Wanda, por ser a primeira e mais importante inspiração de força e resiliência. Às minhas avós, Wanda e Fausta, por suas histórias de superação e sabedoria. À minha irmã Maria Carolina, por ser minha companheira de vida e por me ensinar o verdadeiro significado de sororidade.

Às amigas que estiveram ao meu lado em todas as fases da vida, compartilhando risos, lágrimas e sonhos.

Às professoras, mentoras e líderes que cruzaram meu caminho, mostrando que é possível alcançar grandes feitos com determinação e paixão. Em especial, à Jane Fonda, cuja autobiografia e trajetória de vida me inspiraram profundamente. Sua dedicação ao autocuidado, disciplina e consciência transformou minha perspectiva e me motivou a buscar uma vida mais equilibrada e significativa.

Às mulheres que, muitas vezes, não têm seus nomes lembrados, mas que fazem a diferença todos os dias com suas ações e exemplos. Às trabalhadoras, mães, cuidadoras e a todas que, com sua força silenciosa, constroem um mundo melhor.

Às meninas e jovens que estão começando suas jornadas, que este livro sirva como um lembrete de que vocês são capazes de alcançar tudo o que desejarem. Que nunca deixem de sonhar e lutar por seus objetivos.

Agradecimentos

Há muitas pessoas a quem devo minha gratidão por seu apoio, incentivo e amor ao longo desta jornada.

Aos meus pais, Gualter e Wanda, por me ensinarem os valores que carrego comigo até hoje. Vocês são meu alicerce e minha inspiração.

Aos meus irmãos, Gualter e Maria Carolina, por estarem sempre ao meu lado, nos momentos bons e ruins.

Aos meus filhos, Pedro Henrique e Bruno, por serem minha maior fonte de alegria e inspiração. Vocês dão sentido a cada dia da minha vida e me motivam a ser uma pessoa melhor. Amo vocês infinitamente.

Aos amigos de infância, que compartilharam comigo as primeiras aventuras e sonhos. Aos amigos que fiz ao longo da vida, que me apoiaram em cada passo do caminho. Em especial, Christiane Chuairi e Aline Maria Costa por sua amizade incondicional e por sempre acreditarem em mim, mesmo quando eu duvidava de mim mesma.

Aos professores que me inspiraram e me desafiaram a ser melhor. Em especial, Antonio Carlos Zanini, por suas palavras, apoio, sabedoria e orientação. Sua influência foi fundamental para meu crescimento pessoal e profissional.

Ao escritor e amigo Daniel Agrela, cuja habilidade e dedicação foram fundamentais para a realização deste livro. Sua capacidade de transformar minhas memórias e experiências em palavras foi essencial para dar vida a esta autobiografia. Sua paciência, compreensão e profissionalismo ao longo deste processo foram inestimáveis, e cada página deste livro carrega um pouco do seu esforço e da sua paixão pela escrita. Minha profunda gratidão.

A você, leitora, por dedicar seu tempo a conhecer minha história. Espero que encontre inspiração e aprendizado nas páginas deste livro.

A todos que, de alguma forma, contribuíram para minha jornada. Cada encontro, cada experiência, cada desafio enfrentado moldaram quem sou hoje. Minha gratidão a todos vocês.

Sumário

Introdução 11
Mensagem ao leitor 13
Meu primeiro encontro com a anorexia 15
A influência de Jane Fonda 21
Amor e o empreendedorismo 26
Burnout e ruptura de vida 32
Desafios da gravidez 35
Uma casa no campo é felicidade? 41
Para conhecer a ilha, é preciso sair dela 47
A importância de uma rede de apoio 51
Em busca de um novo propósito 55
A Lei dos Genéricos 60
De volta à carreira 64
Nova chance ao coração 70
Ouvindo os chamados do corpo 74
Saúde mental: um objetivo contínuo 80

Mindfulness e as tradições budistas ············ 85

Autoconhecimento: uma jornada interior ····· 90

Descobertas para uma saúde plena ············ 96

Benefícios da medicina integrativa ············ 103

Autocuidado: só depende de você ·············· 113

Superação dos problemas de saúde ············ 120

Terapias complementares
como um norte de vida ·························· 126

Mensagem para um novo começo ············· 139

Introdução

A saúde é uma construção contínua ao longo do tempo, e nosso corpo nos envia sinais constantes. No centro desta jornada reside a questão fundamental: como podemos sustentar os pilares de uma vida saudável que nos conduza para além dos sessenta anos?

Este livro se propõe a responder a essa indagação, explorando métodos práticos para a manutenção da saúde e a prevenção de doenças, assim como soluções eficazes para enfrentar desafios que possam surgir. Em cada intercorrência, enxergamos não só uma "doença", mas também uma oportunidade de cura e resolução.

A abordagem adotada é resultado de uma busca incessante por conhecimento, permeada por estudo e pesquisa. Cada desafio encarado tornou-se uma chance de aprender, crescer e aprimorar as estratégias para uma vida longa e plena.

Explorando dimensões que vão além dos métodos convencionais, este livro apresenta a riqueza de práticas como *mindfulness*, ioga, pilates e musculação, destacando suas contribuições para uma saúde duradoura e um envelhecimento ativo.

Cada capítulo busca destacar aspectos específicos da jornada da autora, criando uma narrativa envolvente que leva os leitores por diferentes fases de sua vida, enfatizando os desafios superados e as lições aprendidas

Prepare-se para uma narrativa envolvente e transformadora, conduzindo-a(o) por uma jornada de descobertas e práticas que poderão guiá-la(o) muito além do centenário.

Mensagem ao leitor

Q uerido(a) leitor(a),
bem-vindo(a) a uma conversa sincera sobre saúde, transformação e, acima de tudo, esperança. Este livro não é só um amontoado de páginas; é um convite para você e eu embarcarmos juntos numa jornada de descoberta e renovação, tendo a saúde como nosso principal guia. Sem ela, não somos nada.

Aqui, vou compartilhar não só os obstáculos que encontrei pelo caminho, mas também as vitórias, as surpresas boas e tudo o que aprendi sobre como cuidar melhor de mim mesma. Mais do que o registro da minha trajetória, quero que este livro seja um mapa que você pode usar para navegar pela sua própria busca por uma vida mais saudável e equilibrada.

A verdade é que cuidar da saúde é uma viagem que nunca acaba, cheia de aprendizados e momentos de ajuste. Ressignificar a saúde vai muito além de mudar um ou outro hábito; é uma transformação profunda na forma como vivemos, pensamos e sentimos. É aprender a escutar nosso corpo e nossa mente, dando a eles o que precisam para estarmos bem.

Dessa forma, considere esta mensagem como um convite para abrir seu coração para o que vem pela frente. Quero que você saiba que, independentemente de sua idade ou dos desafios pelos quais está passando, sempre é possível buscar uma saúde melhor e uma vida mais plena e tranquila. Espero que as histórias e lições que compartilho aqui iluminem seu caminho e a(o) inspirem a cuidar de si mesma(o) com o carinho e a atenção que você merece.

Vamos juntos nessa? Prepare-se para uma viagem de autoconhecimento e renovação, com a mente aberta e o coração pronto para acolher novas maneiras de viver bem. Que este livro marque o começo de um novo capítulo na sua vida, em que você possa ressignificar sua saúde e redescobrir a alegria de viver com plenitude.

Meu primeiro encontro com a anorexia

Uma teoria do renomado psicanalista francês Jacques Lacan (1901-1981) trouxe uma revolução no entendimento comportamental ao destacar que a percepção de incompletude do ser humano ocorre na infância. O ponto de partida desse processo é o que Lacan denomina como a Fase do Espelho. Durante esse estágio, a criança, que previamente se reconhecia apenas ao contemplar suas mãos, pés e outras partes do corpo de dentro do berço, passa a se enxergar como um ser integral, uma figura completa através do reflexo de si mesma.

É como um quebra-cabeça. De início, reconhecemos individualmente as peças pequenas e grandes que compõem o jogo, mas só alcançamos a compreensão da totalidade quando o quebra-cabeça é montado. Nesse momento de clareza, percebemos que o mundo ao nosso redor não se limita à superfície observada, mas que também se reflete internamente, revelando a complexidade de cada aspecto da nossa existência.

Para Lacan, ao perceber pela primeira vez sua imagem completa e unificada no espelho, a criança tem a sensação de que algo está lhe faltando, um sentimento que vai acompanhá-la em todas as fases da vida. Nesse sentido, as pessoas buscam preencher esse vazio por meio da manifestação de desejos, relacionamentos e diversas outras atividades.

Quando recorro aos capítulos da minha história, identifico essa teoria em vários momentos. E, talvez por uma coincidência quase literal, foi diante de um espelho, já adulta, que precisei me confrontar e identificar que muitas partes da minha essência estavam perdidas.

Nesse dia, o sol e o céu estavam lindos. Olhei para eles pela fresta da janela, de dentro do meu quarto. Naquela época, meus dois filhos, Pedro (6 anos) e Bruno (5 anos), meu marido e eu havíamos nos mudado para São José dos Campos, no interior de São Paulo, em busca de uma melhor qualidade de vida. Eu tentava me recuperar de um *burnout* sofrido em uma experiência de empreendedorismo no ramo dos cosméticos, na qual coloquei em prática todo o conhecimento e energia adquiridos durante a graduação na Faculdade de Ciências Farmacêuticas da Universidade de São Paulo (USP).

> **O que é *burnout***
>
> Trata-se de um distúrbio emocional com sintomas de exaustão extrema, estresse e esgotamento físico, resultante de situações de trabalho desgastantes, que demandam muita competitividade ou responsabilidade. A principal causa da doença é justamente o excesso de trabalho. Essa síndrome é comum em profissionais que atuam diariamente sob pressão e com responsabilidades constantes.

Foram anos intensos de trabalho. Cobranças de clientes, gerenciamento de funcionários, demandas entre sócios, burocracias administrativas e tudo o que se pode imaginar na vida de um pequeno empresário no Brasil. Não havia feriados, tampouco fins de semana. Era preciso cumprir os compromissos. Ao longo de sete anos, essa foi minha rotina. Até que o balde transbordou.

Após encerrar as atividades da minha empresa, decidi buscar com a família uma vida mais pacata no interior. Queria um cotidiano mais sereno e uma conexão mais profunda com a natureza, algo que se mostrava escasso na agitação de São Paulo. No entanto, com o decorrer do tempo, fui percebendo que essa mudança aparentemente positiva trazia consigo um custo inesperado: sutilmente, eu não era mais uma pessoa alegre e positiva.

Até então, mesmo em dias de grande estresse por causa do trabalho ou de qualquer outra atividade, eu buscava enxergar o lado positivo das coisas e olhar o copo meio cheio. Mas esse jeito de olhar a vida escapou sorrateiramente pelas minhas mãos.

O cenário tranquilo do campo, que inicialmente eu vislumbrava como um refúgio, nublou meu dia. A adaptação à vida no interior, a falta de trabalho, o distanciamento dos amigos, dos pais e dos tios, além da rotina de uma mãe de família e esposa, me levaram ao esgotamento. Eu não enxergava mais a vida colorida.

Mas foi em um almoço com a família toda reunida que recebi o primeiro alerta sobre meu problema. Meu pai, sentado próximo a mim, pegou na minha mão e disse: "Filha, você não tocou na comida. Seu prato está cheio". Respondi de pronto que estava satisfeita, mas fiquei com aquela frase na cabeça. De fato, eu mal havia tocado nos alimentos.

Demorei a entender que havia algo de errado. Para mim, eu só estava exausta. Os meses se passaram e numa manhã, após o banho, fui me trocar em frente ao espelho do banheiro. Como na minha infância, quando me vi integralmente, tive um encontro com uma outra versão de mim mesma. Pela primeira vez, me reconheci no reflexo em contornos dramáticos.

As linhas do meu corpo eram retas e os ossos, muito aparentes. A pele estava flácida e opaca para uma jovem de 33 anos, e os olhos, profundos e sem brilho. As costelas aparentes, que antes eu identificava como algo saudável, surpreenderam a minha visão e finalmente me dei conta de que eu estava presa às garras da anorexia.

Nesse momento, comecei a juntar as peças. Em meio ao transtorno alimentar, eu negligenciava a necessidade de comida. Uma vez que meu estado emocional estava abalado, eu não sentia vontade nem prazer nos alimentos, um comportamento diagnosticado pelos médicos como anorexia associada a um estado depressivo.

Foi um choque! Principalmente porque não pude compartilhar essa descoberta com minha família. Mesmo estando fraca, sem ânimo para nada e completamente entregue, eu tinha dois filhos pequenos que precisavam de mim. E, embora não estivesse feliz em meu casamento, era preciso dar andamento à rotina da casa.

O problema é que, em meio a todos os desafios do cotidiano, eu tinha pela frente um prato de comida a ser vencido. Por mais que eu quisesse me alimentar, a comida não descia. Era como se existisse uma barreira na minha garganta que impedisse o curso dos alimentos.

Como consequência disso, desenvolvi vários problemas de saúde. Eu não saía do hospital: gripes em sequência, quedas de imunidade, problemas na gengiva e até a perda definitiva de um dente. Em uma das vezes que o espelho gritou comigo, tive medo de morrer. Sem perceber, havia perdido onze quilos, passando a pesar 42 quilos, distribuídos em um manequim 34/36, de adolescente.

Como eu havia chegado àquela situação? Imediatamente ao pensar que estava próxima do fim, outra reflexão surgiu na sequência: "Mas, se isso acontecer, o que será dos meus filhos? Eles precisam de mim". O amor sem medidas de mãe falou mais alto.

Com as peças espalhadas sobre a mesa, juntei sozinha cada parte do meu quebra-cabeça e decidi mudar meu destino. Disse ao meu marido que precisávamos voltar a viver em São Paulo, e ele concordou comigo. Poucos meses depois, minha rotina começou a se transformar.

Perto da família e dos amigos, reativei minha rede de apoio. Em meio à doença, comecei a cursar pós-graduação em Fármaco e Medicamentos no Hospital das Clínicas (HC) da USP. E lentamente tudo foi caminhando.

Em um processo interno de reconstrução, me divorciei e me aproximei ainda mais dos meus filhos, afinal eles foram o meu impulso, a grande razão de me levantar da cama. Depois de um ano de intensa batalha pela vida, voltei a ouvir os pássaros nas árvores da rua Artur de Azevedo cantarem alto pela manhã, passei a sentir prazer no cheiro do café e a apreciar um prato colorido no almoço.

Aos poucos, a garganta destravou e a minha alma voltou a sorrir.

A influência de
Jane Fonda

A adolescência foi o terreno fértil onde meus sonhos ganharam asas. Para mim, timidez não era sinônimo de limitação, mas sim de uma reserva de força silenciosa que moldaria minha jornada. Enquanto muitos da minha idade vislumbravam um futuro distante, eu, cheia de sonhos, já desenhava os contornos das minhas aspirações.

A paixão por viajar pulsava intensamente dentro de mim, e os livros eram meus bilhetes para destinos desconhecidos. A leitura não era apenas uma atividade; era uma forma de transcender fronteiras e explorar mundos imaginários que alimentavam minha ambição de conhecer outros lugares e culturas. A determinação me guiava, e eu, sem saber sobre teorias de metas e planejamentos, já traçava caminhos para a realização desses sonhos.

O aprendizado de francês se tornou uma expressão viva da minha paixão por Paris, enquanto o domínio do inglês se transformava em uma ferramenta essencial para viver as aventuras que eu sabia estarem à minha espera. A adolescência, embora permeada por uma timidez que dificultava a expressão de sentimentos, foi marcada pela construção de um castelo de sonhos, com torres de estudos, fossos de responsabilidades e muralhas de ambições.

O casamento perfeito, a cerimônia dos sonhos, o vestido branco e a casa que seria meu lar eram fragmentos do quadro idealizado para minha vida adulta. Estudiosa e dedicada, eu enfrentava os desafios acadêmicos com determinação, sendo uma boa aluna e filha obediente, feliz com a vida que tinha e a família que a moldava.

O cursinho na avenida Paulista foi minha porta de entrada para um mundo novo e dinâmico. A agitação da cidade se tornou um cenário inspirador enquanto eu seguia para o Objetivo, um oásis descontraído em comparação ao ambiente rígido do Colégio Porto Seguro, onde estudei boa parte da vida. Estar naquela avenida, que é o coração da cidade de São Paulo, era como absorver a pulsação da vida, e o cursinho trouxe uma abordagem de aprendizado mais descontraída, mas sem perder a responsabilidade.

No vestibular, uma grande vitória! A entrada na USP, no curso de Farmácia-Bioquímica, marcou uma conquista significativa. O ambiente acadêmico integral, repleto de aulas em laboratórios de química, me proporcionou uma sensação de liberdade e descoberta.

No terceiro ano, decidindo mudar para o período noturno, embarquei na Rhodia, uma antiga indústria farmacêutica, ingressando na área de pesquisa de mercado como estagiária. Era o início de uma nova fase, em que a independência e a experiência profissional se entrelaçariam, construindo a mulher que eu estava destinada a me tornar.

Foi nessa fase que comecei a namorar, por volta dos meus dezessete anos. No último dia do curso de inglês, na União Cultural Brasil-Estados Unidos, Paulo me convidou para sair. Ficamos juntos por dois anos. Mas tudo sob as regras de meus pais.

Quando nós íamos às matinês da cidade, como a Papagaio e a Hippopotamus, não podíamos voltar para casa depois da meia-noite. Era terminantemente proibido. Mas o relacionamento não foi muito adiante.

Lembro que estava um pouco desanimada com a vida quando uma amiga me chamou para uma festa à fantasia. Na noite em que fui me trocar na casa dela, numa casa da alameda Jaú, conheci um amigo do irmão dela, o Fábio. Foi paixão à primeira vista. Não paramos de trocar olhares naquele dia e logo passamos a namorar.

Mas havia um grande impeditivo para esse relacionamento. Ele era de uma família árabe supertradicional e eu, embora tímida, sempre tive em mim um jeitinho de que a qualquer momento iria quebrar os padrões da sociedade. É claro que não fui bem aceita pelos pais dele, que, inclusive, tinham outra pretendente para ele esperando no banco de reservas. Bastava um deslize meu para ela entrar em jogo. E foi o que aconteceu.

Resolvi parar com os namoros e focar nos estudos e no meu trabalho. Percebi que aquele momento da faculdade seria único e não voltaria mais, e qualquer escolha feita teria efeitos práticos para toda a minha vida.

Foi no decorrer das aulas que me dei conta de que meu propósito de vida não estava no tratamento de doenças, que é um dos principais objetivos do curso. Eu queria mesmo era me especializar na relação saúde *versus* doença, e em como as reações bioquímicas do nosso corpo podem melhorar a qualidade de vida, aumentando a longevidade. Nesse sentido, no terceiro ano de faculdade optei pela especialização em Fármaco e Medicamentos.

Hoje, quando penso no motivador desse meu propósito, associo a uma leitura que fiz com dezesseis anos que mudou minha vida e, inclusive, fez parte de momentos dramáticos da minha história.

Naquela época, depois de voltar de uma visita à minha prima que fazia intercâmbio nos Estados Unidos, fiquei muito impactada com o comportamento das jovens americanas. Todas sempre muito maquiadas, com cabelo feito, roupas alinhadas, enquanto eu andava no estilo molecona. Afinal, eu era uma adolescente. Fiquei com aquele modo de ser na cabeça.

O que levaria aquelas jovens a terem um comportamento assim? As respostas chegaram até mim pelas palavras da atriz Jane Fonda, em seu livro *Meu programa de boa forma*, que foi um estrondoso sucesso no mundo todo.

A obra ensina os leitores a praticarem em casa exercícios que beneficiam todo o corpo, mas não só isso. Em seu relato, Jane conta os percalços que passou na indústria do entretenimento para se manter dentro dos padrões de beleza impostos. Em um de seus relatos mais impactantes, Jane aborda o vício em diuréticos e a fase em que teve graves distúrbios alimentares, desencadeando uma forte crise de anorexia que perdurou por anos.

E é isso mesmo que você acabou de pensar. Minha relação com a história de Jane Fonda vai muito além do que eu jamais poderia imaginar.

As peças do meu quebra-cabeça pessoal começaram a se encaixar. Cada refeição ignorada, cada olhar apático no espelho, cada dia sem energia eram sintomas de um mal maior. Fui tomada por um misto de choque e negação. Como poderia eu, mãe de dois filhos, admitir que estava em uma batalha contra meu próprio corpo?

A luta era solitária e silenciosa. Cada refeição se transformava em uma montanha intransponível e minha saúde se deteriorava a cada dia que passava. Aos poucos, a vida foi perdendo seu peso, sua cor, até que a balança acusou uma perda de onze quilos. Esse número gritava a gravidade do meu estado, um alerta silencioso de que algo estava profundamente errado.

Amor e empreendedorismo

Na faculdade, consegui colocar em prática tudo aquilo que me fascinava desde os tempos do colégio. Foi lá que comecei a entender as complexas reações bioquímicas do nosso corpo. Descobri por que sentimos medo, o que acontece quando estamos em perigo e muito mais. Compreendi que temos uma máquina perfeita funcionando a nosso favor. Cada descoberta era como desvendar um mistério, revelando a incrível capacidade do corpo humano de se adaptar e sobreviver.

No terceiro ano da faculdade, mudei para o período noturno para poder estagiar durante o dia. Tive muita sorte. Consegui um estágio na Rhodia, uma das principais indústrias farmacêuticas da época. Foi uma oportunidade incrível, que me permitiu mergulhar no mundo da pesquisa de mercado, uma área que me trouxe imensa realização. Lá, eu analisava dados, coletava informações sobre novos medicamentos prestes a serem lançados e organizava mesas-redondas com médicos renomados.

A equipe de trabalho também era muito competente. Lembro que ficávamos em uma sala enorme, com mesas grandes, onde cada um se dedicava à sua função. Numa manhã, perdi a hora e peguei a primeira roupa que encontrei: uma calça jeans e uma camiseta roxa. Cheguei toda ofegante no escritório, pois os atrasos não eram muito bem-vistos, e comecei a fazer minhas tarefas do dia.

De repente, um rapaz se aproximou e me ofereceu um copo de água. Ele estava sendo entrevistado para uma vaga. Guilherme se apresentou e a partir daquele momento nos tornamos amigos.

Foi um período muito produtivo em termos profissionais. No entanto, a faculdade não aceitou a experiência como programa de estágio. De acordo com a direção do curso, eu precisava ter uma atuação na área de laboratórios, e não administrativa.

Finalizei o estágio na Rhodia e passei a buscar outras oportunidades. Até que surgiu um estágio no Departamento de Farmácia do Hospital das Clínicas (HC). Foi uma experiência incrivelmente enriquecedora, já que eu tive contato direto com todo o conteúdo lecionado na universidade. Havia no HC um pequeno laboratório em que manipulávamos algumas medicações, preparávamos os injetáveis, o controle de qualidade, fazíamos a organização e a dispensação dos medicamentos; enfim, tudo que o hospital precisava para tratar dos seus pacientes.

Quando não estava na faculdade ou no trabalho, meu lugar preferido era a academia. Naquele tempo, não existia o conceito de academia que conhecemos hoje; a Cia Athletica foi pioneira nesse modelo. Aquilo me encantou, tanto que fui a aluna número 5 da rede.

Incluir o exercício físico na minha rotina foi uma das melhores ações que eu poderia fazer para diminuir o estresse e a ansiedade do dia a dia. Uma lição que levaria para toda minha vida.

Mas lembra-se do Guilherme, que me levou um copo de água no escritório? Ele não parou por ali. Mesmo não estagiando mais na Rhodia, mantivemos amizade, e um dia ele me convidou para uma noite de karaokê. Ao chegar ao bar, só estávamos nós dois na sala reservada. Achei estranho.

— Você não chamou mais amigos?

— É, pois é. Eles não puderam vir...

Conversamos bastante, dançamos e cantamos. Quando o vinho já estava mais para o final da garrafa, ele me confessou:

— Quando te vi de camiseta roxa da USP no escritório, me apaixonei! Você estava encantadora.

Depois dessa declaração, não havia muito o que fazer. Nos beijamos. Foi mágico.

A partir daquele dia, passamos a nos encontrar com mais frequência, mas eu ainda achava que éramos amigos. Até o dia em que Guilherme resolveu oficializar nossa relação.

Sabendo da minha paixão pela França, alimentada pelos romances que li ao longo de toda a minha adolescência, ele me levou ao mais tradicional restaurante francês de São Paulo: o La Casserole, no Largo do Arouche. Até hoje o lugar é um ícone da gastronomia, mas em 1985 era um lugar acessível apenas às pessoas mais abastadas.

Entre deliciosos pratos e vinhos excepcionais, nossa conexão se aprofundou ainda mais. Compartilhamos risadas memoráveis e saímos do lugar oficialmente como um casal, marcado por um pedido especial. Fizemos uma parada na banca de flores em frente, onde recebi um encantador buquê de rosas vermelhas, enquanto a lua cheia testemunhava nosso início de história romântica.

Início da vida de empreendedora

Logo depois que me formei na faculdade, fiz o caminho contrário ao de muitos colegas. Em vez de ir para o mercado de trabalho atuar como funcionária, resolvi abrir minha própria empresa. Junto de meu irmão, fundei a Herbarium, uma companhia do ramo dos cosméticos especializada na fabricação de xampus, condicionadores e cremes para cabelos. Para ter uma ideia, um de nossos concorrentes à época era o famoso Neutrox.

Foi um início difícil. Guilherme e minha cunhada, Maria Christina, passaram a ser sócios da empresa, e começamos a apresentar nosso portfólio de produtos em feiras e pequenos comércios, afinal esse segmento era de gente grande. Com um trabalho de networking, colocamos nossa linha à venda no Pão de Açúcar e no Makro, o que deu um *punch* para a marca.

No entanto, esse crescimento fez com que nosso ritmo de trabalho mais que dobrasse. Para atender à demanda, tivemos de ampliar a produção. Naquele momento, minha saúde mental e física começou a ficar comprometida. Mas nada que se comparasse aos dias que viriam pela frente.

Naquele ano, o Brasil havia acabado de dar posse ao primeiro presidente eleito diretamente pelo povo: Fernando Collor de Mello. Mas, logo no início de seu governo, uma medida extremamente impopular mudou o destino de muitos brasileiros.

Anunciado em 16 de março de 1990, o Plano Collor tinha como objetivo controlar a hiperinflação que assolava o país na época. Uma das medidas mais emblemáticas foi o confisco de poupanças e contas-correntes, conhecido como "bloqueio" ou "confisco", no qual valores acima de uma determinada quantia foram retidos pelo governo. Fora isso, o Plano Collor envolveu a criação de uma nova moeda, o cruzeiro, substituindo o cruzado, e uma série de ações para restringir gastos e conter a inflação, como a abertura da economia e o controle de preços.

As medidas do Plano Collor foram recebidas com polêmica e provocaram intensos debates na sociedade brasileira. Embora tenha sido projetado para estabilizar a economia e controlar a inflação, o plano teve consequências significativas, incluindo impactos sociais e políticos. O confisco das contas bancárias gerou protestos e insatisfação generalizada, levando a um período de instabilidade política que culminaria no impeachment do presidente Collor em 1992, tornando-se um marco na história econômica e política do Brasil.

Logo que essas diretrizes econômicas entraram em vigor, foi um deus nos acuda em todas as empresas. A medida afetou diretamente o caixa das companhias, fazendo com que a produção diminuísse significativamente. No entanto, os bens de consumo não podem ficar de fora das prateleiras, o que levou muitas redes varejistas a abrirem o leque de fornecedores.

Nós, que éramos o patinho feio do mercado, passamos a ser um dos protagonistas do varejo. As condições eram as seguintes: produzir, entregar e só receber em noventa dias. Imagine que complexo. Mas topamos o desafio. Rapidamente, ocupamos um vácuo de mercado deixado pelas gigantes e fizemos nosso nome.

Na maior crise econômica da história recente do Brasil, tivemos um crescimento arrebatador. Mas a conta desse sucesso só chegaria mais tarde. E de maneira avassaladora.

Burnout e ruptura de vida

O ritmo incessante do trabalho continuava implacável. Apesar da expansão dos negócios, a decisão de oficializar a união com Guilherme, na Paróquia São Pedro e São Paulo, não trouxe o alívio esperado. Mesmo a lua de mel pela Europa não conseguiu proporcionar o tão necessário respiro diante da sobrecarga de tarefas iminentes.

Antes da viagem, me dediquei arduamente para organizar tudo, consciente de que a empresa precisava operar sem minha presença física. Quem tem um negócio sabe muito bem como essa sensação é desafiadora.

A busca incessante para resolver todos os compromissos, aliada à vontade de dedicar tempo ao casamento, resultou em um estresse elevado. Era como tentar equilibrar pratos em constante movimento, uma proeza desafiadora. Essa pressão, no entanto, não era novidade; a expectativa social de que as mulheres sejam impecáveis em todas as áreas da vida – trabalho, relacionamento, amizades, família e estudos – constitui-se até hoje em um fardo significativo.

Enquanto enfrentava esses desafios, o desejo de engravidar se tornou uma jornada marcada por obstáculos em meu corpo, como a síndrome do ovário policístico e o útero retrovertido. Essas condições representavam um desafio considerável para quem tinha a maternidade como sonho.

Após consultar vários especialistas, fui orientada a tomar um indutor de ovulação. Mas me recusei. Acabei optando por melhorar minha saúde física e mental, a partir de uma nutrição mais saudável e momentos de relaxamento.

Depois de alguns meses, em um momento inesperado durante um exame de ultrassonografia, recebi a feliz notícia de que estava grávida de onze semanas. Pedro estava a caminho, trazendo um raio de esperança em meio às adversidades do dia a dia.

A gravidez foi um período muito saudável para mim; tinha energia e disposição incríveis. Em meio às transformações no meu corpo, continuei a enfrentar uma demanda de trabalho intensa. Mas atingi meu limite.

Após a gestação, fui diagnosticada com *burnout*, um esgotamento físico e mental que evidenciava a urgência de repensar o equilíbrio entre minha vida profissional e pessoal. Não tinha forças nem vontade para nada. Mesmo que o dia estivesse ensolarado, para mim tudo estava cinza.

Essa experiência foi um alerta, o que me impulsionou a considerar a importância de priorizar meu bem-estar e conciliar as exigências do trabalho com a missão tão desejada de ser mãe.

Essa realidade, como sabemos, não é única. Muitas mulheres enfrentam desafios similares, especialmente em um momento em que lhes é exigido garantir o sustento de suas casas. Tentei manter a empresa, mas percebi que seria inviável. A decisão de vendê-la e me dedicar integralmente à maternidade revelou-se uma das melhores escolhas que fiz.

Minha qualidade de vida melhorou. Adotei uma rotina de exercícios e uma alimentação mais saudável. Em meio a uma vida mais tranquila, outra grande notícia surgiu: Bruno estava a caminho, consolidando ainda mais a felicidade familiar.

Com a perspectiva de mais um filho, decidimos que era hora de deixar a cidade de São Paulo. Como destino, escolhemos o interior, em São José dos Campos. Essa mudança simbolizava a busca por uma vida calma e tranquila, alinhada ao meu ideal, conforme a célebre canção de Zé Rodrix:

Eu quero uma casa no campo
Do tamanho ideal, pau a pique e sapé
Onde eu possa plantar meus amigos
Meus discos e livros e nada mais

Era a realização do meu sonho, uma busca por uma vida mais próxima da natureza e das coisas simples.

Nesse novo capítulo da minha vida, encontrei o equilíbrio, me permitindo dedicar não apenas à maternidade, mas também a um estilo de vida que priorizasse o essencial.

Desafios da gravidez

De início, a vida no interior foi um presente. Quando meu filho Pedro Henrique estava com onze meses, fiquei grávida do segundo. Bruno estava a caminho e passei boa parte dessa gestação respirando o ar puro do campo. Meu marido já estava ambientado ao trabalho como consultor de vendas na região e eu, dedicada ao lar.

Mas preciso voltar um pouco para reconhecer: ambas as gestações confirmaram minha fé. Sempre tive o sonho de ser mãe, mas os prognósticos dos médicos me levavam a crer que talvez esse desejo nunca se realizasse. Lembro que, numa tarde no Clube Pinheiros, fui até a biblioteca e lá encontrei um livro sobre costumes, hábitos e cultura da Índia.

A partir da leitura, aprendi sobre relaxamento, exercícios para liberar a mente, ioga, entre outros. Depois disso, também deixei de comer carne vermelha. Optei por deixar a vida fluir; a gravidez seria uma consequência, e viria de maneira tranquila. E assim aconteceu. Às vezes, na vida, nós precisamos tirar as preocupações da cabeça e confiar no processo.

Aos 27 anos, eu estava no auge da juventude. Fazia exercícios, me alimentava bem e trabalhava, até que, em uma consulta de rotina, o médico confirma: você está grávida!

Já estava grávida de três meses, mas não tinha percebido. Aliás, assim foi toda a gestação do Pedro Henrique: muito tranquila, como um lago onde você se senta para admirar o leve balanço das águas, sentir a brisa do vento e o reflexo dos pássaros. Nem sequer aqueles famosos desejos de comer melancia às 3h da madrugada eu tive.

Ao longo dos meses, me preparei para o parto normal. Fazia exercícios para gestantes, tinha tudo monitorado, controlava a respiração, meu sono e os horários em que comia. Mas aí aconteceu o inesperado. Depois de 42 semanas, durante um exame, o médico notou que Pedro havia se enrolado no cordão umbilical, no momento da virada.

Esse momento se refere ao instante em que o feto muda sua posição dentro do útero, passando de uma posição para outra. O nome técnico é virada cefálica. Segundo os médicos, a maioria dos bebês assume naturalmente uma posição de cabeça para baixo (apresentação cefálica) no final da gravidez, o que é considerado ideal para o parto vaginal. No entanto, alguns bebês podem permanecer em uma posição diferente, como a pélvica (com os pés para baixo) ou a transversal (deitados de lado). Assim foi Pedro.

Hoje em dia há manobras externas realizadas pelos profissionais de saúde para ajudar a girar o bebê para a posição cefálica. No entanto, naquela época, o mais comum era optar pelo parto cesariana. O médico me disse: "Olha, vá para casa e volte à noite. Não coma mais nada. Seu bebê nascerá hoje".

Corri para casa e arrumei minhas malas e a de Pedro. Horas mais tarde eu voltava ao hospital para ter meu primeiro filho. Mas, veja: essa chegada à maternidade em nada se compara com a situação da maioria das mulheres, tampouco como a que eu havia imaginado para mim.

Normalmente, as mulheres chegam em cadeiras de rodas ou amparadas por seus maridos, com a bolsa rompida e gritos de dor por causa das contrações. Nada disso aconteceu comigo. Nem mesmo dilatação eu tive. Quando cheguei ao guichê, falei para a atendente: "Oi, vim aqui para ter meu bebê. Você pode me orientar?". A cara de surpresa da secretária em me ver bem arrumada, penteada e serena entregou seu espanto. "Essa mulher acha que está no shopping?", ela deve ter pensado.

Na sala de parto, Pedro chegou quando o relógio marcou 22h50 do dia 11 de março de 1992. Foi um dos momentos mais lindos da minha vida. Lembro que durante um mês eu não saí de casa, pois só queria ficar com ele. Nada mais me importava, estava completa.

Por outro lado, Pedro não se assemelhava à maioria dos bebês. Ele pouco chorava, não se incomodava com nada. Numa tarde, um casal de idosos que eram nossos vizinhos tocou a campainha em tom de preocupação.

— Desculpe interromper, mas não foi a senhora que acabou de ter um bebê?

— Sim, eu mesma.

— Que estranho! Nós não ouvimos nada, nenhum choro, zero! Isso para um recém-nascido é quase impossível.

Expliquei que ele era um bebê bastante calmo, mas depois disso fiquei com a pulga atrás da orelha. Será que meu filho tem algum problema? Pronto, a ansiedade bateu a mil por hora. Marquei uma consulta para o dia seguinte e o médico foi categórico:

— Seu filho é normal. Ele só é um bebê calmo. Mãe, levante as mãos para os céus!

Fiquei tão empolgada! "Nossa, ter filho não é essa trabalheira toda que falam." Como me disseram que tinha dificuldade para engravidar e queria mais filhos, relaxei e não usei método contraceptivo. Quando tive minha primeira ovulação pós-parto (quando parei de amamentar o Pedro, com dez meses), surpresa: outra gravidez! Agora Bruno estava a caminho.

Estou certa de que fui abençoada, pois, para quem tinha dificuldade de engravidar e precisaria fazer tratamento, ter engravidado duas vezes foi realmente um presente divino!

Como já comentei, estávamos em processo de mudança de São Paulo para São José dos Campos. Foi lá que meus filhos passaram a primeira infância. Era um desejo meu. Não queria que eles ficassem trancados em um apartamento, ouvindo a poluição sonora dos ônibus, carros e caminhões nas ruas de Pinheiros.

Bruno nasceu em 25 de outubro de 1993, também via cesárea, até para que nenhum de nós corresse risco, afinal, a proximidade de ambos os partos fez com que os médicos fossem cautelosos. Tudo correu bem.

De volta à casa, achava que minha vida estava completa. No entanto, percebi que teria de me desdobrar em duas para suprir a atenção que os meninos exigiam. De um lado, Pedro, com muito ciúme. De outro, Bruno, que não parava de chorar! Era desesperador! Não sabia o que estava acontecendo, mesmo porque no interior eu não tinha rede de apoio, portanto não havia a quem recorrer.

Em consulta com os médicos, eles consideraram que eu tinha pouco leite, e o motivo do choro de Bruno era fome. Imagine! Lembro do primeiro dia que ele tomou a fórmula infantil. Era um prazer em se alimentar que poucas vezes vi na vida.

Pedro e Bruno, vivendo no campo, desfrutaram da infância que toda criança sonharia em ter. Os dias eram repletos de aventuras ao ar livre, com risadas, jogos e muita terra impregnada em suas roupas. As brincadeiras eram tão intensas que, por vezes, eu me via lavando-os no tanque antes que eles entrassem em casa, tamanha era a sujeira acumulada.

Acredito que o segredo para uma boa criação está na presença constante, e nós, como pais, éramos muito presentes na vida dos dois. Criamos um ambiente seguro, amoroso e estimulante. No entanto, ao longo dessa jornada intensa de cuidados e dedicação à maternidade, percebi que havia esquecido de um pequeno detalhe crucial: quem cuida do cuidador?

Amar e criar filhos é uma experiência incrivelmente gratificante, mas também pode ser desafiadora e exaustiva. Em meio às brincadeiras e aos risos infantis, é fácil esquecer de reservar um tempo para o autocuidado. Reconhecer a importância de cuidar de si mesma tornou-se uma lição valiosa. Encontrar momentos para descansar, recarregar energias e nutrir minhas próprias necessidades tornou-se essencial para manter o equilíbrio emocional e físico.

> A reflexão sobre quem cuida do cuidador é um lembrete poderoso de que, para proporcionar o melhor aos nossos filhos, precisamos garantir que também estejamos bem. Encontrar apoio na família, em amigos ou profissionais, reservar momentos para atividades que proporcionem relaxamento e buscar ajuda quando necessário são práticas fundamentais para preservar a saúde e a vitalidade daqueles que dedicam suas vidas ao cuidado dos outros. Nessa jornada da maternidade, descobri que ser uma mãe presente também envolve ser gentil consigo mesma e permitir-se o mesmo carinho e atenção que dedicamos aos nossos filhos.

Uma casa no campo é felicidade?

E uma grande casa em São José dos Campos, minha família e eu desenvolvemos uma nova fase, em que a felicidade seria a nossa companheira diária. Uma vida mais simples, perto da natureza, sem o vai e vem da cidade grande, tampouco o estresse que São Paulo desperta em seus moradores.

Eu estava encantada com esse novo estilo. Entre os intervalos de cuidado com as crianças, eu dedicava tempo à logística e à decoração da casa. Tudo para deixar nossa vida o mais aconchegante possível. O ponto negativo dessa mudança, e que eu logo percebi, é que nesse novo lugar nós não tínhamos nossa rede de apoio.

Com a família vivendo em São Paulo, éramos apenas nós. Isso é bom por um lado, pois dá mais independência ao casal, que pode ditar a vida no seu ritmo. Por outro lado, o isolamento de entes queridos em algum momento vai pesar, como aconteceu com a gente anos mais tarde.

Poucos meses após estarmos no interior, uma situação desafiadora chegou até nós: meu marido fora diagnosticado com diabetes precoce. Em casa, nós já tínhamos o hábito de comer saudável, pois eu fazia questão, mas, com a doença dele, cuidar da alimentação passou a ser uma obrigação. Minhas idas à feira e a quitandas eram frequentes e, assim, eu definia o cardápio da semana.

Como mãe e esposa, me vi várias vezes no papel de cuidadora dos filhos pequenos, do marido com questões de saúde e da rotina da casa. Muitas mulheres enfrentam situações similares, deixando de cuidar de si próprias.

Mesmo com afazeres no dia, percebi que, no que tange à minha individualidade, a mudança para o interior, longe dos estudos e do trabalho, tinha transformado meu cotidiano em um porto parado. Imagine uma pessoa que sempre praticou esportes, frequentou academia, mergulhou de cabeça nos conteúdos da faculdade e, muito jovem, fundou a própria empresa, de uma hora para outra, interromper tudo. É como se um velocista ficasse imóvel imediatamente após cruzar a faixa final de uma corrida. É necessário continuar caminhando.

E assim fiz. Com o diploma de farmacêutica debaixo do braço, fui atrás de trabalho. Visitei as farmácias da cidade, deixei currículos, fiz entrevistas e apontei sugestões de melhorias que eu poderia fazer nos estabelecimentos. Em 1993, o setor de farmácias estava vivendo uma verdadeira revolução.

Até o início dos anos 1990, a figura do farmacêutico era vital para as pessoas. Pode notar. Todo bairro tinha um farmacêutico que era referência para tratar ou dar encaminhamento às enfermidades dos moradores da região. Além de notável conhecimento, esses profissionais tinham a confiança das pessoas e estavam mais próximos e acessíveis.

No entanto, as mudanças de legislação revogaram autorizações para uma série de procedimentos que as farmácias de bairro costumavam oferecer, como aplicação de injeção, inalação, pequenos curativos, medição de pressão, entre outros. Essas medidas foram adotadas porque as autoridades brasileiras já previam a massificação do mercado. Mas, em vez de controlar e fiscalizar, decidiram proibir.

Com o domínio das grandes redes, as farmácias de bairro começaram a perder seu espaço. Tanto que hoje em dia elas são em número reduzido. No meu caso, fui chamada para ser a farmacêutica de um desses grupos, a Drogaria São Paulo. A marca estava expandindo sua atuação pelo interior de São Paulo, uma região carente de bons profissionais.

Fiz um acordo que consistia em trabalhar apenas meio período, exercendo uma função basicamente administrativa. Com o apoio da família, voltei ao mercado de trabalho com um salário infinitamente menor do que eu recebia anteriormente como empreendedora, mas isso não foi nada desmotivador. Queria me manter ativa.

No primeiro dia de trabalho, me informaram que minha principal função como farmacêutica responsável seria cuidar da gestão dos trâmites de medicamentos controlados.

— De acordo! — respondi a quem me instruiu sobre as funções. — Mas, me diga, de onde eu vou trabalhar?

— De qualquer lugar, aqui no refeitório, por exemplo.

— Como assim? Não há uma sala? Esse tipo de trabalho demanda concentração e o mínimo de organização, afinal são informações confidenciais dos clientes. Preciso de um espaço.

De tanto insistir, a empresa conseguiu esvaziar um pequeno almoxarifado e me reservou o lugar. Os dias foram passando e eu comecei a gostar daquele trabalho, mesmo porque eu não havia ficado restrita a uma saleta de 2 metros quadrados. Fui para a frente da loja e passei a interagir com os clientes, me interessando por suas demandas e utilizando todo meu conhecimento para atenuar suas dores, que eram muitas.

Na farmácia, vivenciei diversas situações, em que os pacientes compartilhavam suas dúvidas e angústias (para eles, clientes; para mim, pacientes).

— Doutora, estou muito gripado. O que posso tomar para acabar de vez com a gripe?

— Seu Eduardo, a gripe é causada por um vírus, e nosso organismo leva um tempo para reagir a ele. Não há uma cura instantânea. Quais são os sintomas que você está sentindo?

— Estou com o nariz muito entupido, não consigo respirar direito, nem dormir; tenho febre, dor no corpo.

— Entendo, seu Eduardo. O senhor pode tomar um descongestionante nasal para aliviar o nariz entupido, um analgésico para dor e febre, e suplementar com vitamina C. Além disso, pode fazer inalação com óleo de eucalipto ou usar Vick Vaporub®. É importante que o senhor descanse. Tenha paciência que, em pouco tempo, estará se sentindo melhor.

Em outro caso, havia a dificuldade para dormir da dona Carla.

— Doutora, estou com insônia, está muito difícil dormir. O que eu posso tomar?

— Carla, me conte como é o seu dia.

— Eu acordo cedo, às 6h, preparo o café para a minha família, levo meus filhos para a escola e depois vou arrumar a casa e fazer o almoço. Pego as crianças, almoçamos, levo eles nas aulas extras, volto para casa e durmo umas duas ou três horas. Depois, faço o jantar, comemos e fico assistindo televisão até tarde, por volta das 23h. Aí vou deitar, mas o sono não vem! Fico me mexendo de lá para cá e nada.

— Carla, bom, já consigo ver duas questões aqui. Você dorme à tarde e assiste TV até tarde da noite. Isso se tornou um ciclo vicioso. Você deve eliminar esse cochilo da tarde e fazer alguma atividade que te mantenha alerta. À noite, desligue a TV pelo menos duas horas antes de dormir, leia, ouça música. Pode tomar um chá de passiflora, camomila, erva-cidreira, ou até mesmo um fitoterápico à base de passiflora. Tome um banho quente e deite-se. Você irá relaxar aos poucos e dormir melhor.

Sempre que tinha oportunidade, indicava abordagens mais naturais. Nessa função, percebi que já naquela época a demanda por sedativos e antidepressivos era extremamente alta, sobretudo se levarmos em conta a população de uma cidade do interior. No senso comum, somos levados a acreditar que os moradores de fora da capital tendem a ser mais calmos, tranquilos e de bem com a vida. Na realidade, isso não se prova. Somos todos seres humanos, com angústias e feridas, do corpo e também da alma.

Para conhecer a ilha, é preciso sair dela

Muitas vezes, quando fazemos parte de uma situação e estamos imersas nela, é quase impossível perceber o que se passa de verdade. Para conhecer a ilha, você precisa estar fora dela, vê-la de cima. Assim é nossa vida. A perspectiva que temos do nosso ponto de vista nem sempre corresponde a toda a realidade.

Comigo foi assim. A apatia e o desânimo que tomaram conta de mim durante os anos no interior também eram minha responsabilidade. Ora, eu me anulei em muitos aspectos. Um deles, sem dúvida, tem a ver com a saúde física. Como é que uma pessoa que foi uma das primeiras alunas da Cia Athletica de São Paulo e que frequentava o Clube Pinheiros esqueceu completamente de movimentar seu corpo?

Foram quatro anos sem pisar numa academia! Essa negligência tem um efeito devastador, inclusive para a nossa saúde mental, e isso é comprovado dia após dia.

A prática regular de atividade física é uma parte fundamental na vida de todas as pessoas. E não adianta dizer: "Meu dia é agitado. Eu cuido da casa, busco meus filhos na escolha, vou ao trabalho, faço reuniões, corro para lá e para cá. Esses são meus exercícios". Não! Atividade física para o corpo e a mente é outra coisa.

Iniciar o dia com uma sessão de exercícios não apenas aumenta a energia, mas também melhora a saúde cardiovascular. De acordo com estudos, a atividade física regular reduz o risco de doenças do coração, fortalece o sistema imunológico e regula os níveis de colesterol. Saber que estou fortalecendo meu corpo de dentro para fora é uma motivação constante.

Além dos benefícios físicos, o exercício desempenha um papel crucial na promoção da saúde mental. A liberação de endorfinas durante as atividades tem um impacto direto no humor, reduzindo os níveis de estresse e ansiedade. Pesquisas científicas indicam que a prática regular de exercícios pode ser tão eficaz quanto medicamentos antidepressivos em alguns casos.

A rotina de exercícios não só proporciona um alívio imediato do estresse, mas também contribui para melhorar a qualidade do sono. Dormir profundamente é essencial para o equilíbrio mental, e a atividade física tem sido associada a padrões de sono mais regulares e restauradores.

A pesquisa da National Sleep Foundation[1], nos Estados Unidos, destaca um achado significativo: os praticantes de atividade física têm quase o dobro de

---

1 Exercise and sleep. Disponível em: https://www.sleepfoundation.org/physical-activity/exercise-and-sleep. Acesso em: 28 jul. 2024.

probabilidade de manter um sono regular de alta qualidade em comparação àqueles que não incorporam essa prática em sua rotina.

Ao adotar uma abordagem baseada em evidências, essa pesquisa destaca os benefícios concretos que a atividade física pode proporcionar, contribuindo para o vigor diário e para uma noite de sono revitalizante.

Lembro de muitas noites em claro em São José, nas quais o silêncio e a escuridão do campo dominavam. Todo aquele clima contribuiria para um descanso tranquilo. Mas o sossego do lado de fora não existia dentro de mim.

Aumento da autoestima e da autoconfiança

Outro aspecto significativo é o aumento da autoestima e da autoconfiança. O processo de atingir metas de condicionamento físico pessoal promove uma sensação de realização e empoderamento. Estudos mostram que pessoas que se exercitam regularmente têm uma imagem corporal mais positiva e maior autoaceitação.

Além disso, a atividade física é uma oportunidade valiosa para socialização. Participar de aulas em grupo, esportes ou atividades ao ar livre cria conexões sociais importantes, combatendo o isolamento e promovendo um senso de comunidade.

Todos esses benefícios passaram longe de mim por mais de cinco anos. Mas sei que essa não é uma realidade somente minha, mas quase um comportamento geral da população.

A maioria dos brasileiros não faz ou nunca praticou uma atividade física regularmente. Por outro lado, o número de medicamentos controlados para ansiedade, insônia e depressão não para de crescer, ou seja, estamos vivendo dentro de uma panela de pressão que pode explodir a qualquer momento.

E se pararmos para pensar no efeito desse comportamento em longo prazo? Obesidade em adultos e jovens, piora da saúde mental, aumento de doenças de diversos tipos. Tudo isso porque não desenvolvemos o hábito do exercício, de colocar nosso corpo em movimento. É uma armadilha da vida. E eu caí nela.

A importância de uma rede de apoio

Tudo na vida tem um ciclo. Aprendi e vivi intensamente a essência dessa frase. Depois de quatro anos morando com a família no interior, decidimos voltar para São Paulo, uma decisão que foi bastante programada. Os dias em São José foram demasiadamente intensos, apesar de eu estar longe da carreira. Penso que a experiência sem uma rede de apoio não foi benéfica para minha saúde mental. Às vezes, no ápice do *burnout*, nós temos a reação de jogar tudo para o alto, o que é um grande erro. Na verdade, o que precisamos é de alguns dias de férias e repensar nossas prioridades.

Mas num país cheio de desigualdades como o Brasil, ter um período afastado do trabalho é considerado luxo. Nesse sentido, uma pesquisa realizada por um site de empregos revelou que cerca de 30% dos brasileiros vendem[2] parte das férias para complementar a renda.

---

2   Pesquisa aponta que 30% dos brasileiros vendem parte das férias

Um cenário que não favorece o autocuidado, que deve ser considerado fundamental para o bem-estar físico e emocional de uma pessoa. Não somos máquinas.

Embora não considere um erro ter me mudado de cidade, acredito que, se fosse hoje, eu tomaria algumas atitudes diferentes. O ponto é que o dia a dia nos prega peças e muitas pessoas tendem a pensar que uma rotina completamente diferente da sua é a saída para a felicidade. Não é esse o caminho.

A volta para São Paulo representou não apenas uma mudança geográfica, mas também uma transformação significativa em nossa dinâmica familiar. Após vendermos a espaçosa casa no interior, com seus grandes quintais e amplas áreas de convívio, optamos por um apartamento de 120 metros quadrados em Pinheiros.

Escolhemos um apartamento antigo, com história e familiaridade, no mesmo prédio dos meus pais. Essa decisão nos proporcionou uma mudança física para um ambiente mais urbano e nos reconectou com nossas raízes familiares. Para mim, que não tinha nenhuma rede de apoio no interior, essa transição foi especialmente significativa. De repente, me vi cercada de afeto pela presença reconfortante de meus pais e pela proximidade de tias, primos e outros parentes próximos.

---

para complementar a renda. Disponível em: https://cultura.uol.com.br/noticias/57615_pesquisa-aponta-que-30-dos-brasileiros-vendem-parte--das-ferias-para-complementar-a-renda.html. Acesso em: 28 jul. 2024.

O apartamento se tornou um ponto de encontro onde podíamos compartilhar refeições, conversas e momentos de descontração.

A presença constante da família preencheu um vazio emocional e criou uma rede de apoio sólida e afetuosa, essencial para enfrentar os desafios da vida na cidade grande.

Com as crianças em adaptação na escola, percebi que era hora de retomar minha carreira. Decidi mergulhar em uma nova oportunidade e passei três meses imersa em uma empresa do ramo de cosméticos chamada Menard, uma das principais do Japão e uma concorrente de peso da renomada Shiseido. Voltar a esse ambiente dinâmico e altamente competitivo foi uma experiência enriquecedora e desafiadora, apesar de curta.

Em seguida, me abri a novas oportunidades e decidi embarcar em um curso de instrumentação cirúrgica no HC. O papel do instrumentador é fundamental no centro cirúrgico, auxiliando os cirurgiões durante os procedimentos. Nessa jornada, fui exposta a situações inusitadas, desde operações simples, como a retirada de amígdalas, até procedimentos complexos, como cirurgia no aparelho digestivo, sempre ao lado dos melhores médicos de São Paulo. Para quem estava acostumada à tranquilidade do campo, essa mudança foi monumental.

Permaneci por um tempo nessa atividade, que, além de proporcionar uma remuneração satisfatória, me ensinou muito sobre a dinâmica do ambiente cirúrgico. No entanto, percebi que meu estilo de carreira demandava um maior protagonismo. Sentia a necessidade de alçar voos mais altos, de buscar algo que me permitisse expandir horizontes e assumir um papel mais ativo em minha trajetória profissional.

Decidi que era hora de me especializar nos estudos e aprofundar meus conhecimentos na área farmacêutica. Busquei o melhor lugar para isso: a Universidade de São Paulo, reconhecida mundialmente pela excelência educacional. Lá, encontrei a oportunidade de realizar uma pós-graduação em Fármaco e Medicamentos. Fui muito bem recebida pelo corpo docente, mas logo no início recebi um aviso: para ingressar no programa, era necessário apresentar um projeto de pesquisa.

Assim, teve início um novo capítulo da minha vida, que pode ser resumido com uma frase que me acompanha desde então: o acaso favorece as mentes preparadas.

Em busca de um novo propósito

Com o retorno a São Paulo, decidi que era o momento de elevar minha carreira a um novo nível de especialização e dedicação. Ao contar com o apoio dos renomados professores e doutores Antonio Carlos Zanini e Antonio Alci Barone, encontrei meu propósito na vida acadêmica. Meu objetivo era me dedicar à atenção farmacêutica em equipe multiprofissional, contribuindo para a farmacovigilância. Especificamente, planejava realizar um monitoramento abrangente das reações adversas ao componente alfainterferona em pacientes com hepatite C crônica.

Naquela época, a atenção farmacêutica estava ganhando destaque nos Estados Unidos, sendo reconhecida como essencial no cuidado de saúde, pois colocava o foco no paciente de forma integral.

O foco era mergulhar nos estudos das interações medicamentosas, uma área que carecia de literatura abrangente na época. Especificamente, buscava compreender como diferentes medicamentos interagem entre si e como essas interações podem afetar o paciente. Por exemplo, eu queria investigar se a administração de um anti-inflamatório a um paciente diabético poderia influenciar seus níveis de glicose no sangue. Algo extremamente relevante e que pode definir a vida de uma pessoa com a doença.

A importância desse estudo residia no fato de que as interações entre medicamentos poderiam ter consequências significativas no bem-estar dos pacientes. Infelizmente, essa informação não era amplamente divulgada e muitas vezes só era encontrada nas bulas dos medicamentos. Nesse sentido, me lembro de um caso que ilustra de forma clara os riscos das interações medicamentosas: conheci uma enfermeira que, enquanto estava em tratamento com antibióticos para uma infecção, engravidou, mesmo utilizando contraceptivos regularmente. Isso ocorreu porque o antibiótico interferiu na eficácia do método contraceptivo, resultando em uma gravidez não planejada.

Essa experiência evidenciou a necessidade urgente de estudar e compreender as interações entre medicamentos, a fim de garantir a segurança e eficácia dos tratamentos médicos.

Para se ter uma ideia, quando o Viagra® surgiu, houve vários casos de óbitos associados ao seu uso. Posteriormente, descobriu-se que o medicamento não é recomendado para pessoas que fazem uso de nitrato. Isso se deve ao fato de que a combinação de Viagra® e nitratos pode resultar em uma queda perigosa da pressão arterial, levando a complicações graves, como hipotensão (pressão arterial baixa) e até mesmo choque.

Além desse trabalho árduo de pesquisa, aceitei o desafio do professor Zanini de atualizar um complexo sistema eletrônico sobre medicamentos no HC, marcando os primeiros passos da digitalização na área farmacêutica. O objetivo era registrar informações sobre princípios ativos e seus impactos nos pacientes.

Profissionalmente, eu estava altamente motivada, porém, financeiramente, enfrentava desafios, já que estava focada em meus estudos. Para mudar isso, comecei a auxiliar na análise de dados em monografias e trabalhos de conclusão de curso para ganhar dinheiro. No entanto, a vida estava agitada, e a correria do dia a dia só aumentava.

Entre a adaptação das crianças na escola, os estudos, os trabalhos *freelancers* e a pressão financeira, percebi que minha vida amorosa havia chegado ao fim. As diferenças entre mim e meu marido se tornaram insuperáveis. Inadvertidamente, comecei a sentir os efeitos desse estresse excessivo em meu corpo, perdendo peso e enfrentando uma falta de apetite significativa. Nada descia!

Quando não conseguimos mais suportar a situação, meu marido e eu conversamos e, apesar de ele ser um pai exemplar, decidimos, de comum acordo, seguir caminhos separados. Felizmente, o término foi amigável. Lembro até que, quando comunicamos aos nossos filhos, Bruno, então com 5 anos, disse: "Que pena! Vocês são tão amigos!".

Vida acadêmica

À medida que avançavam os estudos da minha dissertação, comecei a ministrar aulas e palestras sobre interação medicamentosa em diversas instituições pelo Brasil. O público-alvo era composto por farmacêuticos em busca de especialização, com um foco especial em profissionais que atuavam na manipulação de medicamentos. As aulas tinham a duração de um fim de semana e, simultaneamente, iniciei consultorias para indústrias farmacêuticas.

Ao mesmo tempo, equilibrava a jornada dupla de criação dos meus filhos. Com o passar do tempo, a ansiedade foi aumentando e me vi no auge de uma crise de anorexia. Essa fase foi marcada por um drama interno intenso, culminando em um momento fatídico: a manhã em que me deparei com minha própria imagem refletida no espelho, com os ossos sobressaltados, finalmente reconheci a gravidade da situação.

Busquei forças em Deus e percebi que precisava me reerguer por conta própria, liderando todos esses projetos que havia começado. Resolvi iniciar um tratamento com acupuntura no Instituto Pai Lin, que na época era o primeiro centro no Brasil dedicado à medicina tradicional chinesa, uma prática com uma história rica e comprovados benefícios para a saúde.

A medicina chinesa surgiu há milhares de anos e tem seu foco principal em uma abordagem holística, que considera o corpo, a mente e o espírito como um todo interconectado.

Durante o tratamento no Instituto Pai Lin, tive a oportunidade de mergulhar nesse conhecimento milenar e experimentar os benefícios das terapias. A acupuntura, com suas finas agulhas estrategicamente posicionadas, trouxe um alívio surpreendente e uma sensação de equilíbrio que eu nunca havia sentido antes. A fitoterapia chinesa, com suas ervas cuidadosamente selecionadas, complementou o tratamento, proporcionando uma abordagem holística e natural para a minha questão de saúde.

Foi nesse contexto que encontrei a ioga e o pilates, duas práticas que, naquela época, ainda eram novidade por aqui, especialmente no início dos anos 2000. Além disso, retomei minha rotina na academia e, aos poucos, comecei a resgatar minha vida. Conforme a vontade de comer retornava gradualmente, também percebi um renascimento da alegria e da vitalidade em mim.

A Lei dos Genéricos

Em meio a todo esse turbilhão de emoções, me dei conta de que não poderia deixar minhas atividades de lado. Sabe o ditado "Trocar o pneu com o carro andando"? Ele nunca foi tão bem aplicado. Por uma coincidência (ou não) do destino, naquela época o Brasil estava prestes a dar um salto na qualidade de vida da população por intermédio de ações públicas em saúde.

Para ter uma ideia, nos anos 2000, a expectativa de vida dos brasileiros era de 69,9 anos. Uma queixa que se tinha à época é que o acesso a medicamentos para tratar doenças crônicas era muito precário, pelos altos valores cobrados pela indústria farmacêutica.

Em um país em que boa parte da população vivia abaixo da linha da pobreza, se a pessoa precisava optar por comprar comida ou um medicamento, qual você acha que seria a escolha?

O projeto liderado pelo então Ministro da Saúde José Serra, no governo de Fernando Henrique Cardoso, estabeleceu que medicamentos genéricos tinham de seguir o mesmo princípio ativo de medicamentos anteriormente aprovados, e que tinham suas respectivas marcas próprias. Deveriam ser seguidas ainda a mesma dosagem e a via de administração do modelo de referência. Com um detalhe importante: a iniciativa reduziu significativamente o preço cobrado pelos produtos.

Houve uma enxurrada de clientes nas farmácias, tanto que desde que a lei entrou em vigor prolifera-se o número de redes e drogarias pelo Brasil. Atualmente, no país há mais de 90 mil estabelecimentos[3]. Em 2003, esse número era de 33 mil. O número de farmácias de manipulação também cresceu.

Em paralelo a esse movimento, me dei conta de que o meu orientador do doutorado tinha um projeto de nomes genéricos já há algum tempo. O sistema em que eu passava o dia incluindo dados seria fundamental para dar vazão à Lei dos Genéricos, já que as informações continham detalhes importantes sobre os efeitos dos medicamentos, bem como suas interações.

Associado a esse movimento, o professor Zanini tinha escrito um livro: o *Dicionário de medicamentos genéricos*. Naquela época, não se falava no tema. Por isso, a publicação foi algo disruptivo para o segmento, vendendo milhares de exemplares, fazendo com que tudo caminhasse com uma celeridade jamais vista.

---

3   Brasil tem 90 mil farmácias, e muitas ficam uma ao lado da outra. Disponível em: https://amb.org.br/brasilia-urgente/politica-de-inovacao-da-anvisa-anima-setor-farmaceutico-2/. Acesso em: 28 jul. 2024.

Em pouco tempo, o professor Zanini montou uma equipe e me incluiu. Primeiro, fomos convidados por um laboratório em Anápolis para explicar todo esse movimento dos genéricos e suas perspectivas de futuro. Eles ficaram impressionados com a nossa explicação, tanto que nos destacaram para percorrer o Brasil com o objetivo de palestrar para médicos.

A partir de um convênio firmado com o Instituto de Defesa do Usuário de Medicamentos (IDUM), de Brasília, começamos a fazer uma campanha nacional junto ao público da saúde, e estendemos nossa divulgação para a opinião pública, por meio de entrevistas com a mídia. O interesse sobre o assunto era impressionante. Fomos ao Norte, Nordeste, Centro-Oeste, Sul e Sudeste. O Brasil estava mudando e eu pude presenciar isso de perto.

A população, por sua vez, aderiu rapidamente ao programa. No início, havia o medo de que as pessoas não fossem confiar no medicamento, por não terem a marca associada, e sim o princípio ativo. Mas, com uma campanha massiva nos meios de comunicação, o brasileiro entendeu e passou a cuidar melhor de sua saúde.

Lembro que na época a diferença de valor do mesmo produto era gritante. O Prozac®, indicado para depressão, costumava custar cerca de R$ 200. Já a fluoxetina, princípio ativo do mesmo medicamento, passou a ser vendida a R$ 40. Nesse processo, o bolso foi fundamental!

O projeto "pegou" e até hoje é exemplo no mundo todo de acesso à saúde. Como vivi intensamente essa fase, posso afirmar que o Brasil é outro país depois da Lei dos Genéricos. Como farmacêutica e estudiosa da área, não consigo imaginar em que situação estaríamos com o *boom* populacional sem que houvesse uma legislação tão abrangente e democrática para o acesso a tratamentos.

É claro que não podemos depositar todas as fichas na indústria farmacêutica, afinal, sou prova viva de que os tratamentos holísticos salvam vidas. Mas não há como negar o avanço da medicina no cuidado com o paciente. E não sou eu quem digo isso: são as estatísticas.

Antes da Lei dos Genéricos, como citei, a expectativa de vida do brasileiro era de 69,9 anos. Em 2024, esse número foi para 75,5. Um salto significativo, principalmente em um país com tantos dilemas e desigualdades como o nosso. Aqui, nossa ciência e a política de saúde fizeram a diferença!

De volta à carreira

No auge da minha vida profissional, uma nova proposta surgiu diante de mim. O professor Zanini me convidou para me juntar ao grupo Zanini-Oga. Abrimos uma consultoria para indústrias, Programas de Benefício em Medicamentos (PBMs) e farmácias. Um de nossos clientes foi a Alternate, empresa de software de gestão de farmácias de manipulação. O software era o Fórmula Certa e nós éramos os responsáveis por alimentá-lo com informações sobre medicamentos em um módulo específico, sobre Farmacologia e Atenção Farmacêutica.

Nossas informações eram preenchidas no sistema e as farmácias podiam consultar, por exemplo, se o medicamento X tinha alguma interação com o medicamento Y. Desde o pedido da fórmula até a dispensação das formulações, os farmacêuticos acessavam todas as informações referentes aos componentes da formulação. Foi uma parceria próspera.

Ao mesmo tempo, comecei a ministrar aulas no curso de pós-graduação em Farmácia Magistral em todo o país, além das consultorias.

Com clientes em todo o Brasil, senti que tinha retomado as rédeas da minha vida profissional. Mas, quando a gente menos espera, nossa cabeça começa a nos dominar. Estava prestes a completar quarenta anos, e quem já passou por essa idade sabe do que vou falar.

É claro que, para muitas pessoas, completar esse ciclo não tem grandes impactos. No entanto, outras, como eu, sentem o golpe. De acordo com um estudo publicado pelo *Economic Journal*, a crise dos quarenta existe, e ela foi comprovada. A pesquisa realizada mostrou que a felicidade durante a vida segue uma curva no formato de "U", tendo como seu nível mais baixo o período entre 40 e 42 anos. Para os autores do levantamento, a subida depois dessa idade é retomada até os setenta anos.

Comecei a ter novas crises de ansiedade com medo do envelhecimento. Lembro que em uma das viagens pela empresa, em Salvador, me deparei com minha imagem, outra vez no espelho: estava completamente reta. Aquela cena me despertou o gatilho da anorexia e me abalei ainda mais. "Não posso entrar nessa roda viva outra vez!", pensei. Nessa viagem, na qual também fazia visitas a médicos, recebi de um deles a prescrição de uma fórmula de multivitamínica por estar muito magra!

Quando retornei, passei a cuidar mais de mim. Tomei a fórmula, retomei uma rotina regrada de exercícios e uma dose a mais de procedimentos estéticos, além de cuidados com a pele. Coloquei silicone nos seios, apliquei botox onde mais precisava e vi que era possível caminhar lado a lado com a idade sem grandes transformações do tempo.

Minha autoestima começou a ser restabelecida. É fundamental investir no autocuidado, ainda mais para nós, mulheres, cuja cobrança da sociedade é implacável em relação à idade. Quando digo isso, não é só pela estética, mas sim para nos amarmos mais. Cuidados com o corpo e com a mente. No entanto, quando fiz esses procedimentos, já passava dos 35. Hoje isso mudou.

Vejo cada vez mais jovens na faixa dos vinte anos darem início a procedimentos estéticos em razão da cobrança que há nas redes sociais. Os filtros de fotos estão mexendo com toda uma geração, que não entende o valor da sua aparência e que cada pessoa tem suas particularidades. Percebo que há uma tendência de padronização da beleza.

Recentemente, uma rede social lançou um filtro de foto com a função "harmonização facial"[4]. Nela, a pessoa pode conferir um antes e depois da sua imagem após um procedimento estético. Imagine como esse tipo de entretenimento bagunça a cabeça de um jovem.

Na fase que estamos vivendo, para se sentir bem, é preciso fazer parte desse novo padrão. Se você está

---

4 Filtro polêmico do TikTok. Disponível em: https://g1.globo.com/tecnologia/noticia/2023/03/09/bold-glamour-conheca-o-filtro-polemico-do-tiktok-que-faz-harmonizacao-facial.ghtml. Acesso em: 28 jul. 2024.

passando por isso, busque ajuda, faça terapia. Esse movimento é muito perigoso e pode trazer graves consequências de aceitação no futuro. É preciso buscar no autoconhecimento as armas que vão ajudar você a se entender melhor e a compreender a sua individualidade.

Costumo dizer que quando já percorremos muitos quilômetros da vida, temos a sensação de que tudo já foi visto. Às vezes é como se estivéssemos presos numa ilha, com um mundo todo em volta, mas sem poder sair da areia. Identifique e resolva seus conflitos. Em relação à aparência, evite se comparar com outras pessoas, principalmente se forem personalidades famosas.

Valorize você e sua aparência. Ah, e uma dica que sempre coloco em prática: arrume-se até para ficar dentro de casa. Cuide-se sempre. A imagem reflete para os outros, mas principalmente para você.

Como mulher divorciada e mãe de dois filhos, viver os quarenta foi um período de muita angústia. Além das incertezas da vida, momento sobre o qual a sociedade cobra que tudo já deve estar encaminhado, percebi que havia muito para consertar no meu caminho. É claro que eu tinha orgulho da minha trajetória e da forma como eu estava me reerguendo, no entanto, para as mulheres tudo é mais difícil.

> É preciso, primeiro, ter clareza de onde se está para depois traçar uma estratégia para melhorar sua condição. Comece com um ponto de desconforto. Resolva-o. Depois pule para o seguinte. Nunca pare no meio do caminho para enumerar os problemas que você tem. Isso vai aumentar suas cobranças e o peso sobre suas costas. Ao longo de um ano, você verá o quanto de mudanças realizou na sua vida.

Foi assim que fiz. Quando vi que meu casamento tinha completado seu ciclo, segui meu caminho sozinha. Depois, comecei a reestruturar meus estudos, em seguida minha carreira. Nessa fase, tive a sorte de encontrar muitas pessoas boas pelo caminho.

Como comecei a ganhar notoriedade no segmento de saúde, em razão dos meus cursos para farmácias de manipulação, o grupo liderado pela Maria Isabel de Almeida Prado me convidou para fazer parte do Conselho Regional de Farmácia de São Paulo, como Conselheira. Para isso, era preciso compor uma chapa e receber a maioria de votos.

Aceitei o desafio e iniciei minha campanha com a mensagem de que o setor precisava de mudanças e, principalmente, caminhar lado a lado com a tecnologia. Até então, nossa área no mercado era majoritariamente analógica. Venci a disputa e, com outros colegas, começamos a implementar projetos importantes dentro do Conselho.

Acredito que, se você quer mudança, tem de ser a mudança. Mesmo que para isso você precise sair da sua zona de conforto. No Conselho, lidei com muitos casos importantes, como mudanças na legislação de medicamentos, na regulamentação da profissão de farmacêutico e inúmeros processos éticos. Lembro que havia um forte movimento para que os medicamentos fossem vendidos em supermercados. Imagine isso?

Medicamentos precisam de acondicionamento adequado. É necessário que sua venda seja acompanhada por um farmacêutico profissional, uma equipe treinada. Como isso daria certo? Apesar do intenso *lobby*, conseguimos impedir que esse projeto fosse adiante.

Implementamos uma rotina de fiscalização nas farmácias, pois naquela época era comum os estabelecimentos funcionarem sem a presença de um farmacêutico responsável, o que era e é exigido por lei. O trabalho foi intenso e os resultados, compensadores. Gostei tanto de participar ativamente da política que fui conduzida para o mandato seguinte, depois para outro, e mais um... No total, permaneci como conselheira por dezesseis anos!

Nova chance ao coração

"Tudo vale a pena se a alma não é pequena." O verso talvez mais icônico de Fernando Pessoa deveria ser dito por nós todos os dias em frente ao espelho, antes de sair para o trabalho, antes de dormir. Muitas vezes, em meio ao turbilhão da vida, reduzimos nosso campo de visão, os sonhos perdem o fôlego e nossa respiração fica mais curta.

Depois dos quarenta, parece que a coragem desaparece. Ficamos com medo de dar um passo mais audacioso. O que será que as pessoas vão pensar? E se não der certo?

Foi desafiando essas convenções que me permiti apaixonar-me outra vez. Depois de alguns anos após meu divórcio, parecia que nenhuma pessoa me encantava. E não digo aqui sobre beleza externa ou atração física. Falo sobre admiração. Para gostar de alguém, acredito que antes é preciso admirá-la.

Foi assim que começou minha história com Antonio Carlos Zanini, meu orientador no doutorado e um mentor em muitos caminhos da vida. Por meio de suas palavras e conselhos sábios, aprendi lições que transcenderam os livros e as pesquisas.

À medida que eu avançava no doutorado e nas palestras Brasil afora sobre genéricos e interações medicamentosas, nosso convívio foi aumentando. No entanto, havia uma questão que, para mim, era um problema: a idade. Zanini era 26 anos mais velho que eu. O que vão comentar? Como seria a nossa convivência ao longo dos anos?

Naquela época, não era incomum homens mais velhos se relacionarem com mulheres jovens. No entanto, havia em mim um preconceito que nublava qualquer perspectiva de relacionamento. É claro que eu já havia notado interesse da parte dele, mas nada direto e ostensivo. Sempre com sutilezas.

Ao acompanhar as palestras de Zanini, eu não o via apenas como um professor ou um teórico. Eu estava diante de um idealista. Ele tinha uma preocupação legítima com a saúde dos brasileiros e acreditava que os medicamentos deveriam alcançar toda a população, afinal, como diz nossa Constituição, todo cidadão tem direito à Saúde.

Comecei a vê-lo de maneira diferente e ele percebeu isso. Em nosso primeiro jantar, classificado oficialmente como "encontro", tivemos conversas inspiradoras que marcariam nosso início de relacionamento. Consciente sobre a barreira da idade, ele me disse:

— Não importa quanto tempo ficaremos juntos. Um ano com você vai equivaler a dez anos, de tão intenso que será o nosso amor.

Fiquei encantada, pois foi a primeira vez que alguém me abriu os olhos para a intensidade das relações. Às vezes, passamos um mês com uma pessoa que se torna inesquecível para toda a vida. E assim foi, por vários anos multiplicados por dez.

Começamos o namoro, que foi muito bem aceito pelos meus filhos e minha família. Ninguém perguntou sobre a diferença de idade, um preconceito que estava apenas na minha cabeça. Mas, por algum motivo, eu achava que faltava algo. Mesmo com um novo amor, filhos maravilhosos, trabalho e família.

Fizemos muitas viagens especiais juntos. Uma delas para celebrar os meus quarenta anos na minha cidade preferida, Paris. Foi nessa viagem que percebi que estava sendo ingrata com o destino. Eu tinha tudo. É preciso parar e agradecer por tudo o que temos, e não lamentar o que nos falta. Foi o que eu fiz a partir dali: ser grata.

Percebi que a felicidade não reside nas conquistas futuras ou nos vazios a preencher, mas sim na Gratidão sincera pelo que já está presente em nossas vidas.

Ao lado do Zanini, compreendi que a verdadeira riqueza reside nos momentos compartilhados, nas memórias preciosas e nas experiências que a vida nos oferece. Era hora de silenciar as queixas e abrir os olhos.

De volta ao Brasil, erguemos um refúgio da nossa história: uma linda casa em Jundiaí. Lá passamos nossos melhores momentos, pelos quais tenho muito carinho e nostalgia.

Anos mais tarde, nosso relacionamento se desgastou. Como as minhas viagens a São Paulo eram frequentes por causa do trabalho, ele, com problemas de saúde, não conseguia me acompanhar. Esse fato despertou nele um ciúme inexplicável. Talvez nossa diferença de idade tenha pesado naquele momento, deixando-o inseguro.

Foi um período extremamente difícil, mas eu sabia que precisava preservar minha liberdade. Decidimos nos divorciar. No entanto, pouco tempo depois, nos reconciliamos. Ele havia compreendido minhas razões.

Em 2018, ele foi internado com um quadro de infarto. Acompanhei o Zanini por quarenta dias na Unidade de Terapia Intensiva, período em que ele estava desacordado. Aquela situação me abalou profundamente. Como assim, meu porto seguro está me deixando?

Mas ele foi forte e respondeu ao tratamento. Numa manhã, ele abriu os olhos e, emocionado, me disse:

— Eu te amo.

Choramos bastante. Nesse momento tivemos a certeza de que nos amávamos muito e tínhamos o que verdadeiramente importava.

Depois daquele dia, vivemos juntos por mais de dois anos. Até ele partir.

Ouvindo os chamados do corpo

Depois dos quarenta, minha abordagem em relação ao meu corpo passou a ter outra dinâmica. Antes disso, sabemos, não se liga para a saúde. A juventude faz com que nos achemos super-heróis, prontos para enfrentar o dia a dia sem, por exemplo, nos alimentarmos corretamente. Ou você já viu a Mulher-Maravilha parar o que está fazendo para ter uma refeição? Assim somos nós, com o pequeno detalhe de não termos superpoderes. Nós somos humanos.

O que sempre gosto de dizer é que você deve ser o protagonista da sua saúde. Ninguém sabe mais do que você o que se passa no seu corpo. Depois dos quarenta, temos de redobrar essa observação. Lembro que aconteceu comigo algo parecido. Nessa fase, comecei a ter perda de apetite e inúmeros casos de gastrite, chegando a parecer que eu estava grávida pelo aumento do tamanho da minha barriga. Era impressionante!

Em vários lugares, as pessoas se ofereciam para me dar assento destinado às grávidas. Até eu explicar, a situação já tinha ficado constrangedora. Cortei da minha alimentação diversos alimentos, como açúcar, sucos, legumes. Mas nada funcionou, até que decidi buscar um especialista em gastroenterologia.

Quando ele me examinou, após a minha queixa, apalpando o meu inchaço no abdome e ouvindo o ruído de gases, me disse:

— Não precisa nem fazer exame no laboratório. Você tem intolerância à lactose!

Atualmente, essa condição é amplamente difundida, principalmente a partir dos 35 anos (mulheres têm maior prevalência). Aliás, hoje em dia é mais difícil achar quem não tem esse diagnóstico, causado a partir da deficiência de uma enzima no organismo, chamada lactase. Na hora desconfiei, mas segui as recomendações do médico e eliminei da minha alimentação o leite e todos os seus derivados. Em apenas uma semana, todos os sintomas desapareceram. Minha barriga desinchou e a sensação de bem-estar era única, nada de desconforto, náuseas nem refluxo. Tudo isso por causa do leite!

> Algumas pessoas têm intolerância total ao leite e seus derivados, enquanto outras apresentam uma intolerância parcial. Isso significa que, para algumas, até mesmo uma pequena quantidade de leite pode causar desconforto. Já outras podem tolerar certos produtos lácteos em quantidades moderadas.
>
> Meu conselho: se você suspeita que pode ter algum grau de intolerância ao leite, uma abordagem

prática é fazer um teste de eliminação e reintrodução. Comece ficando uma semana inteira sem consumir o produto e qualquer derivado, como queijos, iogurtes, manteiga e creme de leite. Durante esse período, observe atentamente como seu corpo reage. Você pode notar uma melhora em sintomas como inchaço, gases, diarreia, dores abdominais ou até mesmo em questões de pele e respiratórias.

Após essa semana de eliminação, comece a reintroduzir os derivados do leite gradualmente, começando pelos queijos, que geralmente contêm menos lactose que o leite líquido. Escolha queijos envelhecidos, como cheddar ou parmesão, que tendem a ter níveis ainda mais baixos de lactose. Consuma uma pequena porção e observe como você se sente nas próximas 24 a 48 horas.

Preste atenção a qualquer sinal de inchaço, cólicas, gases ou alterações no trânsito intestinal. Se você se sentir bem, pode tentar introduzir outros derivados do leite, como iogurte ou manteiga, sempre em pequenas quantidades e observando as reações do seu corpo.

Esse processo de eliminação e reintrodução pode ajudar a identificar quais produtos lácteos você pode tolerar e em quais quantidades. É importante lembrar que cada pessoa é única, e o que funciona para uma pode não funcionar para a outra. Portanto, escute seu corpo e ajuste sua dieta conforme necessário.

O fato é que a lactose passou a ser alvo de vários estudos. Um deles, o que mais me chama a atenção, é o argumento de que somos a única espécie mamífera que se alimenta de leite de outro animal ao longo da vida. Talvez por isso o índice dessa condição no Brasil seja alto, e que muitos desses casos sejam desconhecidos da pessoa.

De acordo com uma empresa de análise genética, um teste clínico realizado em mais de 200 mil clientes no país indicou que 51% dos brasileiros[5] analisados têm predisposição para intolerância à lactose.

À época em que recebi o diagnóstico, deixei de consumir leite. Exceto quando viajava aos Estados Unidos, onde era comum encontrar leite sem lactose. Ainda bem que hoje em dia podemos encontrá-lo em todas as prateleiras por aqui.

O fato é que, após os quarenta, nosso corpo começa a não tolerar muitos comportamentos. O estômago, por exemplo, é um órgão de choque. Ele capta muita coisa, é o primeiro a receber a informação. Se algo der errado, o efeito para os outros órgãos será em cascata.

Outro grande órgão responsável pelo nosso bem-estar é o intestino. É ele quem produz mais de 70% da nossa serotonina, e faz com que tenhamos bom humor e disposição na vida. Quem não tem a microbiota equilibrada,

---

[5] Metade dos brasileiros tem predisposição genética para intolerância à lactose. Disponível em: https://www.genera.com.br/blog/intolerancia-lactose/. Acesso em: 28 jul. 2024.

ou seja, uma comunidade saudável de bactérias e outros microrganismos que habitam o intestino, pode sofrer inúmeros problemas de saúde, entre eles a depressão. Percebeu como tudo está conectado?

Quando o corpo fala

O que costumo dizer é que não adianta sair do consultório médico com inúmeras receitas e achar que o problema, seja ele qual for, estará resolvido. E olhe que meu campo de estudo sempre foi a farmacologia. Minha percepção de que o segredo de uma vida equilibrada está na união da medicina convencional com as terapias complementares ficou mais apurada com a maturidade, principalmente após um diagnóstico que me balançou.

Durante um check-up de rotina, um exame apontou que eu tinha tireoidite de Hashimoto, uma inflamação da tireoide, uma glândula em forma de borboleta localizada no pescoço. Ela se manifesta quando o próprio sistema imunológico ataca as células da tireoide, causando, entre outros sintomas, uma fadiga extrema. Além disso, estava com dois nódulos! Fiquei em pânico.

Realizei todos os procedimentos indicados e fui a um especialista em cabeça e pescoço. As biópsias constataram que os nódulos eram benignos, graças a Deus.

Como forma de combater a doença, o médico indicou ingerir o hormônio T4, para inibir a formação de outros nódulos, apesar de eu estar com os exames de T3, T4 e

TSH normais. No entanto, o medicamento me causou um enorme desconforto, e então interrompi por conta própria. Dois anos depois, passei por outro desafio.

Vivia com febre todos os dias. Busquei alguns médicos e nenhum conseguiu identificar a causa da oscilação de temperatura. Até o dia em que precisei ser atendida no pronto-socorro com o diagnóstico de supuração de um cisto no ovário, um reflexo de anos anteriores e que se conectava com minha dificuldade de engravidar.

Esse é um quadro que exige cuidados imediatos, com risco de morte do paciente. Passei por cirurgia de emergência, fiquei sete dias internada em recuperação e enfrentei dias difíceis em que não parava de chorar. Vivi um estresse pós-traumático.

Depois disso, comecei a me questionar: por que estou tendo tantos problemas de saúde? O que meu corpo quer me dizer? Há momentos na vida em que é preciso parar e refletir, colocar no papel tudo o que está dando errado e, a partir disso, entender a razão das coisas.

Queria entender as causas das doenças. Meus dias eram como um trem de alta velocidade. Eu não dava tempo ao tempo e, pior, não escutava os sinais que o meu corpo me dava.

Foi então que precisei buscar ajuda. Foi quando iniciei suplementação e tratamento complementar.

Saúde mental: um objetivo contínuo

No meu dia a dia havia uma ameaça frequente no meu pensamento: a anorexia. Como um fantasma, ela fazia menção de retornar a qualquer momento, desencadeando um medo constante que se escondia nas áreas mais profundas da minha mente.

Eu entendia que a cura não estava apenas em reprimir os sintomas, mas em enfrentar a causa dos meus problemas de saúde. Por mais difícil que fosse, era preciso buscar a essência da minha dor e encontrar a cura, definitivamente.

Foi assim que me lancei em uma jornada em busca de respostas, uma experiência que me conduziu aos caminhos tranquilos da ioga e do pilates. Lembro que, na época, alguns amigos duvidaram da efetividade dessas práticas, pois enxergavam nelas apenas um exercício de movimentos lentos, sem a intensidade que associavam à força física.

Particularmente, acredito que alcançar a sabedoria está justamente associada a dar passos lentos.

Basta ver a história. Os grandes povos da Antiguidade recorriam a jornadas a pé em busca de condições melhores de vida, mas o que pouco se comenta é que esses deslocamentos entre cidades, e até países, eram verdadeiros rituais de autodescoberta, e resultavam em uma experiência de crescimento e transformação.

Hoje em dia, um grande exemplo disso é o Caminho de Santiago, rota de peregrinação na Espanha com mais de mil anos de tradição. Por mais de 800 quilômetros caminhando a pé, pessoas do mundo todo, de diferentes crenças e religiões, têm como objetivo colocar a vida em suspenso, avaliar os próximos passos e, principalmente, tentar entender como deixar para trás pesos que não suportam mais carregar em busca de dias mais leves e ressignificado.

Nesse sentido, foi justamente na quietude que encontrei muitas respostas. Entendi que a ioga era um refúgio em que o tempo desacelerava, que cada movimento era uma oportunidade de conectar mente, corpo e espírito. Encontrei uma prática que me permitia enfrentar minhas batalhas internas com gentileza e compaixão, além de me guiar pelos caminhos do autocuidado, uma palavra cheia de significados, mas que por vários motivos negligenciamos.

Para quem nunca fez ioga, a primeira sessão é um instante de ruptura. Há pessoas que inclusive choram. Trata-se de uma experiência em que se percebe os limites do corpo e dos movimentos, mas sobretudo é o exercício que nos faz perceber que a vida está, de fato, no momento presente.

Mas como é difícil perceber isso, não? Às vezes estamos em uma celebração com alguém querido, ou em uma reunião importante, ou até numa viagem, enquanto nossos pensamentos estão a quilômetros de distância do nosso local físico. E esse movimento do pensar é incontrolável. A mente começa a entrelaçar reflexões, cenários e possibilidades que na maioria das vezes não estão acontecendo na prática.

Certa vez, vi em um documentário do palestrante americano Tony Robbins, guru de personalidades e políticos como Bill Clinton, que 80% dos nossos pensamentos não correspondem à realidade. Se deixarmos à solta, nossa cabeça não deixa que a gente se levante da cama.

O excesso de perguntas e a ficção que nosso cérebro tem o poder de criar são armadilhas que esgotam qualquer motivação de vida. Agora, pense: como seguir esse ensinamento em uma rotina atribulada como a que vivemos?

Um morador de São Paulo, por exemplo, quase não tem mais vista da natureza. A cidade respira poluição e sente concreto. Os problemas se acumulam. Não há tempo para nada. O que vai acontecer com a saúde mental dessa pessoa?

Recentemente, um estudo realizado pelo Instituto de Psiquiatria do Hospital das Clínicas da Faculdade de Medicina da Universidade de São Paulo[6] mostrou que, entre cinco mil moradores da capital paulista entrevistados, quase 30% revelaram ter transtornos psicológicos. Isso é muito sério!

É claro que vivemos em um país de imensas desigualdades, mas acredito que as mudanças devem acontecer de dentro para fora. Às vezes, gestos simples podem melhorar inúmeros aspectos da vida. Aqui vão alguns exemplos:

› Se você mora em um apartamento pequeno e com pouca vista, que tal começar a cultivar pequenas plantas? Ao regá-las todas as manhãs, você cria uma conexão de pertencimento com a natureza, que tem um verdadeiro poder transformador na nossa vida. Vale até dar um nome para a plantinha.

› Se você estiver no trânsito, feche a janela e ouça músicas relaxantes. Ou quem sabe possa ouvir um audiolivro de um tema que te desperte interesse? Hoje em dia há uma infinidade de conteúdos em plataformas de *streaming* que ajudam no enriquecimento cultural.

› Mantenha uma rotina para controlar a ansiedade. Utilize pequenos espaços de tempo para meditar.

---

6 Como as grandes cidades afetam a qualidade de vida. Disponível em: https://saude.abril.com.br/bem-estar/como-as-grandes-cidades--afetam-a-qualidade-de-vida. Acesso em: 28 jul. 2024.

Cinco minutos bastam. Respire lentamente e sinta o seu corpo. Se conseguir, inclua o alongamento nessa prática.

> Faça pequenas viagens para fora da cidade e se permita conectar com a natureza.

> Se possível, pratique jejum de 12 horas. Isso vai ajudar a melhorar sua concentração.

Lembre-se: tente manter sua rotina, independentemente do lugar em que você esteja. Isso é fundamental para gerenciar a ansiedade e manter a saúde mental em dia.

Mindfulness e as tradições budistas

Você já prestou atenção em como você respira? Ou isso já é parte de um processo automático e fisiológico do seu corpo? Normalmente, quando estamos sob forte estresse – e quem vive na cidade grande sabe bem o que é isso –, não nos atentamos para as coisas mais importantes.

Respirar é vital. Quando respiramos, significa que estamos vivos. Estamos aqui, no presente. Como podemos negligenciar esse processo natural do organismo?

À medida que a maturidade bateu à minha porta, fui percebendo a importância de parar e aproveitar ao máximo o presente vital que recebemos: o oxigênio. Reflita: nós somos o único planeta da Via Láctea que tem esse elemento em abundância na superfície. Só estamos aqui por causa dele. Como ignorá-lo?

Nesse sentido, e com base nessa consciência, iniciei atividades meditativas baseadas no conceito de *mindfulness*, que pode ser traduzido como "atenção plena". Essa prática mental, que tem origem nas tradições budistas, utiliza-se da respiração em sua máxima potência e tem por objetivo despertar no praticante o sentimento de estar inteiramente no presente.

Quantas vezes você já saiu de casa e ficou na dúvida se trancou a porta? Ou se tomou o remédio que deveria? Quando isso acontece, é um sinal de que a sua mente estava divagando em pensamentos que não correspondem ao ato que estava executando.

No trabalho, essa situação também se manifesta com frequência, e pode prejudicar muito uma carreira. Esquecer o que se falou em uma reunião, ou de repente enviar um e-mail e copiar pessoas que não devem ser incluídas, tudo isso é reflexo de uma falta de atenção plena ao que se está fazendo.

Agora imagine: você pode ter essa consciência e, a partir disso, alçar voos em diferentes áreas da vida com o máximo de aproveitamento!

Costumo dizer que aqui no Brasil quase não falamos do benefício da meditação e do *mindfulness*, o que não acontece em outros países. Para se ter uma ideia, escolas na Inglaterra já incluíram essas práticas no currículo básico dos alunos, algo que pode afetar sensivelmente o desenvolvimento dessas crianças, formando adultos mais conscientes e menos ansiosos.

Aliás, para quem sofre de ansiedade, saber respirar é fundamental. Lembro que no casamento de um dos meus filhos percebi que os padrinhos estavam tensos, suando frio. Muitos a ponto de desmaiar! Não pensei duas vezes: convidei-os a fazer a respiração diafragmática. Em dois minutos, todos estavam mais calmos e puderam aproveitar toda a cerimônia.

Como melhorar seu dia a dia com essas práticas?

› Use o celular de maneira limitada. Estabeleça horários. O uso do aparelho é um dos principais responsáveis por capturar nossa atenção, e por impedir que você desfrute de momentos especiais. Quantas vezes vemos casais no restaurante que, frente a frente, optam por dar atenção ao virtual em vez de conversarem?

› Outro ponto importante é que os aplicativos de mensagens despertam em nós um senso de urgência fora do comum. Busque educar as pessoas da sua rede e responda no seu tempo. Ah, e nunca medite com o celular ao lado. Deixe o aparelho no modo avião, bem longe de você.

› Pela manhã, depois de tomar café, pare, respire e mentalize o seu dia. Projete como você quer que as coisas aconteçam e busque esses objetivos. Lembro que muitas vezes, antes de ir ao trabalho, eu pensava: "Nossa, esse dia vai ser difícil!". E o que você acha que acontecia? Puro caos! Nós somos o que mentalizamos.

> Se o dia no escritório está complicado, não espere chegar em casa. Vá para um lugar tranquilo e faça meditação de 1 minuto. Feche os olhos e observe seu corpo internamente, com foco na sua respiração. Permaneça assim. Se os pensamentos surgirem, volte a prestar atenção à respiração. Ela é sua bússola que aponta para o presente. Em seguida, movimente os dedos das mão e balance suavemente o corpo. De forma lenta, abra os olhos e volte para sua mesa. Você vai notar a diferença.

> Outra técnica que pratico muito é a respiração quadrada. Ela é utilizada por integrantes da marinha americana e tem por objetivo estabilizar o humor e proporcionar clareza de ideias para o momento presente. Ela pode ser realizada com a pessoa sentada, deitada, em pé ou até caminhando lentamente. Ou seja, se você estiver no ônibus também pode fazer. Tome nota: puxe o ar lentamente pelo nariz e conte até quatro. Preste atenção ao ar que entra e preenche seus pulmões, até o diafragma. Após isso, prenda o ar e conte até quatro segundos novamente. Agora é só expirar em outros quatro segundos. Mantenha os pulmões vazios por mais quatro e aí inicie um novo ciclo. Repita esse processo de 10 a 15 vezes, totalizando cinco minutos.

Esses exercícios devem fazer parte da nossa vida cotidiana. Não adianta praticar um dia e depois esquecer.

É como escovar os dentes e tomar banho. Precisamos ter a consciência de que cuidar da saúde mental é um esforço contínuo e, por isso, devemos utilizar todas as técnicas disponíveis.

Faça a mudança hoje. Não espere!

Autoconhecimento:
uma jornada interior

Ao me voltar para dentro em busca de autoconhecimento, uma jornada muitas vezes marcada pela maturidade, descobri o valor das viagens espirituais e do contato íntimo com a natureza. Recomendo de coração que você explore parques e praias sempre que puder. Esses lugares não só estão intrínsecos à nossa essência, mas têm o poder de nos proporcionar uma vida mais longa e saudável.

Várias fontes comprovam essa narrativa. Uma delas é o estudo[7] publicado na revista científica *Science Advances*, que apresenta uma descoberta: pessoas que residem próximo a espaços verdes podem desfrutar de uma biologia que as faz parecer, em média, 2,5 anos mais

---

7   Morar perto de áreas verdes pode adicionar 2,5 anos à sua vida. Disponível em: https://ciclovivo.com.br/vida-sustentavel/equilibrio/morar-perto-de-areas-verdes-pode-adicionar-25-anos-a-sua-vida/. Acesso em: 28 jul. 2024.

jovens em comparação aos indivíduos que não têm acesso a essas áreas.

Nessa busca por autoconhecimento, embarquei em viagens solo que transformaram minha vida. Uma dessas experiências foi um retiro espiritual no Vale do Capão, na Bahia, onde me juntei a mais de setenta pessoas. Passamos uma semana imersos em práticas meditativas, cercados por cachoeiras e piscinas naturais. Pode não parecer, mas essas experiências proporcionam um relaxamento mental profundo. Foi nesse ambiente sereno que encontrei caminhos para superar algumas limitações e crenças da minha infância, o que fez toda a diferença na minha vida.

Durante essa viagem, algo incrível aconteceu: consegui superar meu medo de lugares fechados e de altura. Foi como se uma força interior emergisse, me ajudando a enfrentar esses medos de frente. Estar em contato direto com a natureza e sentir que fazemos parte dela provoca mudanças profundas em nós. O silêncio da mata é restaurador; ele nos convida a voltar para dentro de nós mesmos. Observar os vales, os riachos e estar imersa na criação de Deus é uma experiência verdadeiramente emocionante.

É claro que viajar com essa finalidade torna a experiência ainda mais completa. No entanto, se você mora na cidade e não consegue tirar férias com frequência, há muitas alternativas. Procure um parque próximo, caminhe em meio às árvores e se exercite ao som do canto dos pássaros. Para quem vive no litoral, não há desculpa. Existe sensação melhor do que caminhar descalço na areia e mergulhar no mar?

Tudo isso, é claro, sem interrupções como celulares, televisão e rádio. Só você e mais nada.

Apesar de ser paulistana e estar acostumada com o concreto, a vida sempre me levou para o convívio com a natureza. O verde e a água me acalmam e clareiam meus pensamentos. São Paulo, por exemplo, tem os parques do Ibirapuera, do Povo, Trianon e Buenos Aires, além de represas e áreas como a Serra da Cantareira, que fazem você duvidar de estar em uma das maiores metrópoles do mundo. Busque esses espaços públicos!

Outra viagem que guardo com muita emoção foi para Israel, a Terra Santa. A companhia aérea estava inaugurando um voo para Israel, com um valor excepcional. A coincidência foi tanta que as datas não poderiam ser mais apropriadas: o *pessach* (a Páscoa judaica) e, na sequência, a Páscoa cristã. Foi uma emoção sem tamanho.

Estar no país que reúne duas das maiores religiões monoteístas, em celebrações tão simbólicas, é prova de que nada na vida é por acaso.

Como iria sozinha e não despenderia muito dinheiro, quebrei alguns paradigmas dentro de mim: quem disse que é preciso ficar em hotel? Ou almoçar e jantar em restaurantes todos os dias? Eliminei essas barreiras da frente e, com mais de cinquenta anos, me permiti viver como uma mochileira.

Fui para um *hostel* e dividi quarto com outras cinco mulheres, mais jovens e cheias de vida. Rapidamente fiz amizade e percebi que a economia com a estadia poderia me levar a muitos outros lugares, como Jerusalém e Belém, cidades que fizeram parte do ministério de Jesus, conhecer o mar Morto, o rio Jordão e vários outros passeios. Só de lembrar já me causa arrepios e uma imensa vontade de voltar.

Fiquei dez dias no total; me estabeleci em Tel Aviv e todos os dias fazia *tour* por uma cidade ou região. Conheci pessoas de várias partes do mundo, gente com histórias e culturas diferentes. À noite, de volta à Tel Aviv, ia jantar com meus novos amigos (hummus não faltou!), andar pela orla marítima e descansar na praia conversando e caminhando em direção a Jaffa, o porto mais antigo do mundo, cidade com mais de 3 mil anos de história. Apreciar a vista do alto não tem preço!

Para quem não conhece, Tel Aviv é uma cidade moderna, aberta ao mundo. As pessoas são calorosas, o sol é convidativo, há liberdade em todas as suas formas; é considerada a capital do veganismo (aliás, fiz um *tour* por vários restaurantes veganos incríveis). Para quem curte, fica aqui a dica.

Aproveitei ao máximo a atmosfera desse país, que remonta a nossa história como civilização. Mas fui livre de qualquer direcionamento religioso, apesar de ter formação católica. Aprendi que na vida temos de nos abrir e aceitar as diferenças de pensamentos e crenças, pois o dia a dia nos desafia ininterruptamente e, quanto mais repertório tivermos, melhor será nossa resposta diante dos desafios.

Penso também que temos de conhecer lugares sagrados, pois isso faz parte do nosso amadurecimento espiritual. Não que isso signifique ter de sair do Brasil, afinal aqui mesmo há muitos desses lugares. Um exemplo, bem próximo de São Paulo, é o Santuário de Aparecida, considerado um dos maiores santuários do mundo, erguido em homenagem à padroeira. A Basílica fica a uma distância de duas horas e meia da capital. Razoável, não?

Há também o Templo Zu Lai, em Cotia, e o Centro de Meditação Kadampa, em Cabreúva, centros budistas repletos de muito verde e de paz.

Empolgada com a experiência de viajar sozinha, consegui uma passagem com milhas e, dois meses depois, embarquei para Roma para fazer um curso de italiano de uma semana. Ao chegar lá, após dois dias, percebi que não queria ficar presa na cidade. Decidi me aventurar por outras localidades. Mudei a rota e parti para Turim, Cinque Terre, Milão e Como – tudo de trem e com meu italiano ainda limitado. Foi outra viagem belíssima, na qual, em cada cidade, seja pequena ou grande, me conectei profundamente comigo mesma e com os lugares que visitei. A única condição que me impus foi que, todos os dias, eu tomaria um *gelato* italiano. E isso eu cumpri à risca.

Estava tão radiante que, no trem de volta para Milão, recebi um bilhete com uma poesia... Quando cheguei, decidi ter aulas de italiano.

Ensinamentos sobre viagens

- Se tiver a oportunidade, viaje sozinha. Essa é uma experiência que todo mundo deveria ter, pois aumenta nossa confiança e desperta em nós um sentimento de independência. Além disso, nos abre para conhecer novas pessoas e culturas, enriquecendo ainda mais nossa jornada pessoal.
- Busque destinos repletos de história e espiritualidade. Lugares que carregam sabedoria e tradições podem oferecer *insights* profundos e transformadores.
- Coloque a natureza no seu roteiro. O verde das florestas e o azul dos mares são verdadeiramente restauradores. Não subestime o poder curativo da natureza; ela pode renovar sua energia e trazer uma paz interior incomparável.

Viver é se permitir!

Descobertas para uma saúde plena

A vida estava seguindo seu curso normal. Havia retomado minhas viagens, os exercícios, ou seja, meu olhar tinha se voltado de novo para mim e para meu autoconhecimento. Nesse cenário, por volta dos 55 anos comecei a perceber que meu corpo estava em mudança.

Enfim, a menopausa tinha me alcançado. Na realidade, posso me considerar uma pessoa privilegiada, pois a menopausa ocorre entre os 45 e os 55 anos. É um processo que começa devagar, mas vai minando as energias.

Tecnicamente, a menopausa é uma reação do corpo feminino. Ela marca o término da menstruação e da capacidade reprodutiva, fase em que os hormônios estrogênio e progesterona estão com níveis muito baixos. Isso gera um impacto sensível no corpo e na parte emocional da mulher. Mas não há como fugir da menopausa; é preciso gerenciar o processo para conviver com ela quando chegar.

Lembro que anos antes recorri a uma médica ortomolecular para fazer reposição hormonal. Na época, minha saúde estava ótima, menstruação regulada. Não tinha nenhum problema. Mas o fantasma da menopausa já me assustava, tanto que passei a realizar um tratamento com hormônios bioidênticos, que são preparados em farmácias de manipulação. Na época, essa abordagem era novidade e o objetivo era recuperar os níveis de estrogênio e progesterona.

Como farmacêutica, sei que hormônio é vida. A falta de estrogênio, por exemplo, pode favorecer a osteoporose, o acúmulo de gordura abdominal, a perda de massa magra, o ganho de peso, a falta de libido e a secura vaginal. Quanto à testosterona, sua falta ou diminuição afeta o humor, a energia e disposição, a função cognitiva, o desejo sexual, os músculos. É o caos na terra!

E o que dizer dos fogachos? Aquele calor que aparece do nada, no rosto, no pescoço e no peito? Depois dessa onda de calor intenso, podemos suar bastante ou sentir frio, além de ocorrer aceleração dos batimentos cardíacos, dor de cabeça, tontura e enjoos.

Mas, algum tempo depois, tive uma grande desordem no meu organismo. Meu ciclo menstrual foi ao chão e estava em risco de sofrer uma séria anemia. Fizemos alguns ajustes de rota e parei de menstruar. Isso para mim foi um grande desafio, pois, diferentemente da maioria das mulheres, eu adorava menstruar. Quem você já ouviu dizer isso? Sim, considerava o ciclo o ponto alto da feminilidade, fazia me sentir jovem. Interromper esse movimento da natureza me doeu bastante.

Com relação aos sintomas, atualmente os hormônios bioidênticos mudaram os paradigmas, tanto que pouco se sente os efeitos da menopausa.

Mas é claro que há inúmeros caminhos para superar esse momento. Um deles é manter uma boa alimentação e rotina de exercícios. Acredito que esses dois hábitos foram fundamentais para estar bem na menopausa. No entanto, há outros recursos que podem e devem ser utilizados, como os suplementos.

Há alguns anos comecei a pesquisar sobre esse tema e resolvi fazer uma especialização em suplementação. No Brasil, quando pensamos em suplementos, já vêm à cabeça aqueles produtos utilizados em academias para quem pratica musculação e aeróbica. Essa é uma ideia limitada.

Os suplementos representam um mercado de US$ 35 bilhões nos Estados Unidos. Configuram uma fonte poderosa de energia que auxilia nosso corpo a restabelecer as vitaminas que podem não estar sendo sintetizadas em quantidades suficientes pelo organismo. Isso acontece por causa da idade, mas também pelo fato de que os alimentos que consumimos hoje pouco se assemelham aos do tempo dos nossos pais. A poluição, os agrotóxicos em excesso, os pesticidas, a contaminação da água e dos peixes com metais pesados, tudo isso afeta nossa saúde.

Quando vejo filmes do passado, ou reportagens dos anos 1960 e 1970, é muito fácil notar que as pessoas tinham corpos diferentes do que vemos hoje em dia.

De forma geral, tanto adultos quanto crianças eram mais esguios, sem acúmulo abdominal. A farinha de trigo, naquela época, era um dos alimentos mais presentes na mesa das pessoas, mais até do que nos dias atuais. Então por que essa diferença?

As inúmeras transformações no produto fizeram com que ele perdesse sua pureza, com aditivos que em alguma escala afetam nossa saúde. Um especialista nesse tema é o doutor William Davis, autor do livro *Barriga de trigo*. Na obra, ele expõe com detalhes os perigos do consumo de trigo e como uma alimentação sem farinha auxilia o funcionamento do nosso corpo, reduzindo a inflamação e as gorduras localizadas.

Saúde da microbiota

Nos meus estudos, descobri algo que até então não conhecia: o intestino é nosso segundo cérebro. Veja que frase mais certeira! Com a alimentação que se tem disponível atualmente, como os ultraprocessados, o equilíbrio de bactérias no intestino fica desregulado, o que afeta seu funcionamento. Isso a longo prazo pode gerar grandes danos à saúde, inclusive favorecendo a depressão.

Realmente, há uma conexão direta entre o intestino e o cérebro. Uma pesquisa[8] publicada pela renomada

---

8   Microbiota intestinal pode ajudar a entender casos de depressão. Disponível em: https://jornal.usp.br/radio-usp/microbiota-intestinal-pode-ajudar-a-entender-casos-de-depressao/. Acesso em: 28 jul. 2024.

revista científica *Nature Communications* em 2023 reforçou esse argumento e relacionou treze tipos de bactérias intestinais diretamente associadas ao transtorno de depressão. Elas estão envolvidas na síntese de neurotransmissores, como glutamato, butirato, serotonina e ácido gama-aminobutírico.

Por isso, os suplementos vêm para ajudar. Nesse caso, há os probióticos, microrganismos vivos que ajudam na recomposição da flora, e os prebióticos, que normalmente estão presentes em alimentos como alho e cebola. Também são suplementos disponíveis a fibra solúvel e a glutamina, aminoácido que age na reparação da mucosa intestinal.

Fiquei tão impactada com esses conhecimentos que na época da pandemia criei um *blog* para escrever sobre saúde e bem-estar, tudo feito de maneira orgânica. Percebi que não podia guardar todas aquelas informações para mim. Para minha surpresa, a resposta do público foi imediata. Como as pessoas estavam mais tempo em casa, tinham mais oportunidade de ler. E nesse período houve uma preocupação genuína das pessoas em se alimentar melhor. O medo da covid repercutiu em vários aspectos da nossa vida.

Diariamente, passei a compartilhar dicas de alimentos, exercícios e meditação, uma abordagem holística da saúde que despertou em muita gente o sentimento de mudar e fazer algo por si.

Suplementos para a vida

Costumo dizer que há suplementos que devem ser utilizados em todas as fases da vida. Vou começar pelos que considero mais essenciais. O primeiro é o ômega-3. Que fantástico!

Quem nunca ouviu falar dos benefícios do ômega-3 para o organismo? E de fato ele é um suplemento poderoso. Encontrado nos peixes de águas profundas, o ômega-3 tem a função de alimentar a gordura das células, resultando em um impacto global no corpo. Olhos, cognição, saúde cardiovascular e articulações são algumas das áreas beneficiadas.

Mas cuidado! Tente encontrar cápsulas de qualidade. Há instituições que chancelam a qualidade do ômega-3, para garantir que seja livre de metais pesados.

O segundo é a vitamina D, um hormônio fundamental para nossa saúde. Ela é importante para nossa imunidade, saúde óssea, no combate a doenças autoimunes, na regulação de secreção de insulina e na luta contra a depressão. Imagine que mesmo no Brasil, um país ensolarado, as pessoas têm deficiência dessa vitamina (ela pode ser conseguida pela exposição ao sol por determinados minutos diários).

Existe também a glutationa, considerada a mãe dos antioxidantes. É ela quem ajuda a retardar o envelhecimento das células, além de reforçar o sistema imunológico. Já a vitamina C e o zinco estimulam o colágeno, a absorção de ferro, a saúde da pele e a cicatrização de feridas, entre outros benefícios.

Se você ainda não descobriu as vantagens dos suplementos para sua vida, reveja seus conceitos. Eles podem prevenir muitas doenças e ajudar na melhora da qualidade de vida. No Brasil, nutrólogos, médicos ortomoleculares, nutricionistas e farmacêuticos estão aptos a prescrever suplementos. Busque esses recursos!

Recado

Um alerta para as mulheres: a terapia de reposição hormonal (TRH) é um grande avanço da medicina, mas exige acompanhamento de perto e exames de sangue frequentes. Não se pode achar que, ao tomá-la, tudo está resolvido. Além disso, pessoas com histórico familiar de câncer devem consultar um especialista antes de optar pela abordagem. Atenção aos detalhes!

Benefícios da medicina integrativa

Após a menopausa, tive de implementar uma série de mudanças no meu estilo de vida. Não que antes não houvesse uma disciplina em curso, mas essa fase do corpo da mulher exige uma atenção clara e definida, do contrário não se tem vontade de se levantar da cama. Por coincidência, a menopausa me alcançou de fato na época da pandemia, um período que transformou nossas vidas e bagunçou a cabeça de muitas pessoas.

Ainda hoje há pesquisas e estudos em andamento para entender os reflexos do isolamento na nossa vida. Por isso, como me considero privilegiada por morar próximo à natureza, passei a abastecer meu *blog* com conteúdos sobre os benefícios do contato com o verde. Não falo apenas sobre as vantagens de respirar um ar puro, ou poder colher frutas e folhas diretas do pé. Falo a respeito daquilo que não se vê à primeira vista.

Deus. Sim, se você olhar com cuidado, perceberá Deus na correnteza da cachoeira, conduzindo a água para baixo com uma força poderosa. Ele também está na flor multicolorida que alimenta o beija-flor, ou ainda no cheiro da terra molhada após a chuva da tarde. Ele está em tudo.

Quando nos conectamos com a fonte criadora e sua criação, encontramos equilíbrio, pois somos parte de tudo. Sentimos a presença divina na simplicidade e na grandiosidade da natureza. É como se cada elemento natural fosse um lembrete silencioso de que não estamos sozinhos, de que fazemos parte de um todo maior e harmonioso.

Faça a comparação agora. Sem poder sair de casa, onde você escolheria viver se pudesse: num apartamento na cidade ou numa casa no campo? Infelizmente, nem todas as pessoas têm acesso direto e diário aos benefícios da natureza, mas todo mundo tem acesso a um parque, por exemplo. Só isso já ajuda muito. É preciso tentar.

No meio desse turbilhão da pandemia, Zanini faleceu. Meu companheiro de vida. Foi um momento de muita dor, mesmo porque não se pôde fazer uma despedida como ele merecia por causa do isolamento. Parece que sem esse rito final a morte não se completa. Muitas famílias passaram por isso.

> O luto é uma experiência profundamente pessoal e única, manifestando-se de diversas formas. Algumas pessoas encontram consolo nas lágrimas, enquanto outras preferem o silêncio introspectivo.

Há quem busque suporte na companhia de amigos e familiares, e outros que optam pela solidão para refletir. Independentemente da forma, todas as respostas são válidas e fazem parte do processo de cura e aceitação.

Fisicamente, o luto pode desencadear várias reações no corpo, como cansaço extremo, insônia, perda de apetite, dores no peito e no estômago e sensação de aperto na garganta. O sistema imunológico pode ser comprometido, aumentando a suscetibilidade a doenças. A liberação de hormônios do estresse, como o cortisol, pode causar hipertensão e palpitações cardíacas. Reconhecer essas reações como normais e buscar apoio emocional e médico é essencial para enfrentar essa fase desafiadora.

Como nós moramos juntos na casa de Jundiaí, por muito tempo senti sua presença, o que para mim é uma sensação muito boa. Costumo dizer que pessoas que partem são como estrelas. Elas brilham no céu toda noite, mas tecnicamente elas já "morreram". Porém, suas energias são permanentes, por isso emanam a luz que chega até nós.

Depois de um tempo em luto, resolvi fazer uma pequena viagem para espairecer e respirar novos ares. Escolhi Itacaré, um pequeno tesouro escondido na Bahia capaz de ressignificar pessoas e situações, tamanho é o poder de suas belezas. Fui sozinha. Já estava adaptada para curtir minha própria companhia e exercer o autoconhecimento.

Entre banhos de mares e uma brisa revitalizante, comecei a perceber algo de errado. Ao ver as fotos que havia tirado nessa viagem, notei uma queda acentuada de cabelos na parte da frente da cabeça. Algo que eu jamais tinha visto. Tal qual aconteceu comigo com a anorexia, que se aproximou de mim rastejando até se instalar no meu corpo, assim começou minha fase com a alopecia frontal fibrosante.

Recebi o diagnóstico em São Paulo. Meu mundo caiu. Havia pouco tempo da menopausa, em que deixei de passar por um dos maiores momentos de feminilidade do nosso organismo, que é a menstruação. Agora, segundo os médicos, eu poderia gradativamente perder os cabelos.

Tecnicamente, a alopecia frontal fibrosante é uma condição dermatológica que afeta principalmente mulheres no pós-menopausa. Ela se manifesta a partir da perda progressiva de cabelo frontal, na região do couro cabeludo. Em alguns casos a queda é permanente, tudo por causa de uma inflamação e cicatrização dos folículos pilosos. A perda dos pelos das sobrancelhas é um dos primeiros sinais.

> Embora não haja uma causa específica para essa doença, acredita-se que esteja relacionada à queda dos hormônios, como o estrogênio, por uma condição autoimune, mas também por causa dos altos níveis de estresse. Olhando pelo retrovisor, no período anterior à descoberta da alopecia eu vivi momentos de muita ansiedade e tensão, o que estimula a elevação dos índices de cortisol.

Esteroide produzido pelas glândulas suprarrenais, o cortisol é uma resposta natural do organismo às condições físicas e emocionais. É como se nosso corpo percebesse um sinal de perigo e enviasse uma ambulância para ver o que está acontecendo.

Além disso, eu tinha tireoidite de Hashimoto, outra condição autoimune. Meu corpo estava produzindo anticorpos contra minha tireoide e contra meus folículos pilosos. Mas o que estava causando isso?

Em casa, após o diagnóstico, passei a acompanhar mais de perto a perda de densidade capilar. Um terror! A verdade é que fiquei com muito medo de ficar careca. Como poderia viver sem esse símbolo da feminilidade, sedução e autoestima?

É claro que hoje em dia a medicina estética está tão evoluída que vemos mulheres com próteses capilares maravilhosas. Eu sabia que haveria alternativas, no entanto, minha luta era para sanar o problema e não precisar desse tipo de recurso.

A sorte é que identifiquei a doença no estágio inicial. E o mais importante: reforcei minhas práticas terapêuticas, como ioga e meditação.

Afinal, a alopecia é uma doença com forte ligação com o estresse. Então, imagine: para você se curar, é preciso ter equilíbrio emocional e evitar ao máximo se irritar com os ruídos externos da vida. Uma tarefa e tanto!

Depois que iniciei o tratamento, passei a fazer inúmeras reflexões. Uma delas é que, se uma doença chega até os cabelos, uma das partes mais visíveis do nosso corpo, é sinal de que ela já transitou por todo nosso organismo e não foi percebida. Veja como podemos, sem saber, negligenciar nossa saúde. Naquela época, provavelmente eu sabia que estava sob forte estresse. Sabia também que a minha queda de hormônios poderia acarretar outros problemas. E o que fiz? Nada. Como não havia algo aparente, deixei o jogo continuar.

Um paralelo a essa reflexão também pode ser encontrado na natureza. Certa vez, visitando um vinhedo, notei que na entrada do parreiral havia, em cada linha, uma rosa vermelha. Achei curioso e fiquei com aquela imagem na cabeça. Mais tarde, na vinícola, perguntei ao enólogo a razão daquilo, e ele explicou que a flor é uma espécie muito sensível a pragas e fungos. Se eles percebessem que a rosa estivesse doente, era sinal de que em breve a uva e a videira também seriam afetadas. Essa sinalização dava a eles tempo para contornar o problema.

Como seria bom se tivéssemos uma rosa bem à nossa vista para indicar que algo não vai bem, não é?

Por isso temos de estar atentos aos sinais que o corpo manda.

Abordagens integrativas

Na época, lembro que me neguei a fazer tratamento com uso de corticosteroide, antibióticos, hidroxicloroquina. Considerei que seria muito agressivo para o meu corpo, e fui em busca de outras formas para lidar com a doença. Em uma abordagem mais holística, realizei sessões de acupuntura e, em uma delas, o médico cravou: pare de comer glúten!

Eliminar o trigo da minha alimentação foi um grande passo na recuperação da minha saúde.

> Nos últimos anos, as modificações no trigo têm contribuído para a permeabilidade intestinal, tornando o intestino mais suscetível a diversas doenças autoimunes. O que ocorre no intestino não se limita a ele; seus efeitos reverberam por todo o corpo.

Passei então a estudar tudo o que poderia estar relacionado à causa. Foi quando descobri a medicina funcional integrativa, ao fazer cursos e assistir a vídeos de vários médicos americanos e brasileiros para entender o que estava se passando.

Passei a optar apenas por alimentos orgânicos, afastando de vez qualquer risco de contato com pesticidas. Aliei também a suplementação de vitamina D, zinco, selênio e ômega-3. Risquei da minha dieta alimentos inflamatórios, como a farinha de trigo e o leite, e adicionei mais peixes, em busca do iodo. Ah, e eliminei o flúor, pois ele impede a entrada de iodo no organismo.

Eliminei todos os tipos de embutidos. Por exemplo, muita gente considera o peito de peru saudável, mas não imagina a quantidade de aditivos químicos que ele possui.

Os benefícios para o corpo foram imediatos. Logo minha tireoidite de Hashimoto foi curada e a alopecia frontal fibrosante, estabilizada.

Cosméticos orgânicos

Especificamente para tratar mais diretamente da alopecia, iniciei tratamento com cosméticos orgânicos. Um deles era uma mistura que eu mesma fazia de óleos essenciais de alecrim e cúrcuma com óleo de coco. Usava essa receita no lugar do minoxidil. Com isso, consegui estabilizar a queda capilar. Foi um grande passo!

Gosto de dizer que o conhecimento é um caminho sem volta. Descobri as maravilhas da maquiagem orgânica, livre de metais pesados e do filtro solar mineral, que forma uma barreira física na pele e não entra na corrente sanguínea.

Como resultado de todas essas ações integrativas, consegui interromper a progressão da alopecia e hoje ela está controlada. Graças à minha força de vontade, aos médicos e, é claro, à natureza. A farmácia de Deus.

O alívio que senti foi indescritível. A sensação de bem-estar e a recuperação da minha saúde trouxeram uma nova perspectiva de vida. Não era apenas a cura física, mas também um renascimento emocional. A ansiedade e o medo que me acompanhavam diariamente começaram a se dissipar, dando lugar a uma sensação de paz e gratidão. Cada dia se tornou uma celebração da vida, um testemunho do poder transformador da medicina integrativa e da importância de cuidar de todas as dimensões da saúde.

A medicina funcional integrativa me salvou

Descobri a medicina funcional integrativa quando me vi desesperada pela alopecia, sem saber para onde seguir. Foi um verdadeiro marco na minha vida. Enquanto os diagnósticos e tratamentos convencionais me deixavam cada vez mais desanimada, a abordagem holística da medicina integrativa me mostrou um horizonte mais colorido. Com técnicas naturais e uma busca por compreender as razões por trás de cada sintoma, essa abordagem fez toda a diferença na minha jornada de cura.

Fiquei completamente fascinada. Por meio dela, encontrei respostas que antes pareciam inatingíveis. Foi então que percebi como o glúten e o leite estavam diretamente relacionados à saúde do meu intestino.

A medicina integrativa enxerga você como um todo, levando em consideração desde a alimentação, o estresse, os hormônios, as vitaminas, a qualidade do sono até a atividade física. Essa abordagem holística realmente transformou minha perspectiva sobre saúde e bem-estar.

Autocuidado: só depende de você

D esde que descobri a medicina integrativa, um vasto mundo de possibilidades se desdobrou diante de mim. Fui apresentada a técnicas e abordagens completamente inovadoras, todas focadas na saúde física e mental. E me tornei consciente de como as mudanças no meu estilo de vida não apenas influenciaram positivamente a saúde da minha tireoide, mas também transformaram minha jornada de bem-estar.

O estresse, identificado como um dos maiores males da sociedade moderna, requer uma vigilância constante. Sua presença pode desencadear uma série de problemas de saúde, incluindo desequilíbrios hormonais. Portanto, é fundamental estarmos atentos aos sinais de estresse e adotarmos medidas para reduzir seus efeitos negativos em nossa saúde.

Outra ação pela qual ele é responsável é a piora do sono. Isso acontece porque o cortisol, chamado de hormônio do estresse, prejudica de maneira contundente o funcionamento da melatonina, que é o hormônio produzido naturalmente pelo corpo para nos fazer dormir. E o que se faz para combater esse efeito? Busca-se remédio para indução do sono. Isso está tomando proporções perigosas em nossa sociedade.

Normalmente, quando uma pessoa enfrenta muitas preocupações com o trabalho, pode ser um sinal de que os níveis de cortisol estão elevados, afetando-a de maneira global.

O impacto do cortisol alto é profundo e abrangente. A pessoa se torna mais impaciente, mais propensa à depressão e incapaz de esboçar um sorriso genuíno. É como se tivesse chegado ao fim da linha, em que cada dia se torna uma batalha contra um cansaço incessante e uma tristeza que parece não ter fim. A sensação de estar sobrecarregado e sem saída pode ser avassaladora, afetando não apenas a saúde mental, mas também o bem-estar físico e emocional. É um círculo vicioso que precisa ser interrompido para que a pessoa possa recuperar a alegria de viver e a capacidade de enfrentar os desafios com resiliência.

Recentemente, um estudo revelou que, no Brasil, 67% dos trabalhadores sofrem influências negativas do estresse em seus ambientes de trabalho. Essa informação está contida no relatório *People at Work 2023: A Global Workforce View*, do ADP Research Institute. Esse número supera a média global, que foi de 65%.

Além disso, a pesquisa, que entrevistou 32.612 trabalhadores em dezessete países ao redor do mundo e 5.751 na América Latina (Argentina, Brasil e Chile), indicou que o número de trabalhadores que se sentem apoiados pelos seus gestores em questões de saúde mental diminuiu de 70%, em 2022, para 64%, em 2023.

> Por isso que eu sempre reforço que é necessário gerenciar o estresse permanentemente, pois as emoções vão afetar sua saúde física; uma hora ou outra isso vai acontecer. Pode ser em forma de gastrite, queda na imunidade, dermatite, caspa, herpes. Tudo isso está associado ao nosso emocional.
> Quando a doença se manifesta, o corpo está enviando um recado mais visível: "Ei, me nota! Tem algo de errado".

O corpo humano é uma máquina complexa e inteligente, e muitas vezes tenta comunicar seus desequilíbrios de maneiras sutis antes de recorrer a sinais mais drásticos. Esses sinais iniciais podem ser facilmente ignorados ou atribuídos ao estresse cotidiano, como fadiga, dores de cabeça frequentes ou pequenas alterações no humor. No entanto, quando esses sinais são desconsiderados por muito tempo, o corpo intensifica seus esforços para chamar nossa atenção. É nesse momento que surgem as doenças físicas, como uma forma de gritar por socorro.

A manifestação física de uma doença é, muitas vezes, resultado de um longo processo de desequilíbrio interno. Pode ser o resultado de estresse crônico, má alimentação, falta de exercício ou até mesmo de questões emocionais não resolvidas. Quando finalmente aparece no corpo, é um convite – ou melhor, uma exigência – para que paremos e prestemos atenção ao que está acontecendo dentro de nós.

Essa é a linguagem do corpo, uma forma de comunicação que não pode ser ignorada. É um lembrete de que precisamos cuidar de nós mesmos de maneira integral, considerando não apenas o físico, mas também o emocional, o mental e o espiritual. Ignorar esses sinais pode levar a consequências mais graves, ao passo que ouvi-los e agir pode ser o primeiro passo para a cura e o bem-estar.

Portanto, quando seu corpo lhe enviar esses recados visíveis, pare e escute. Investigue as causas subjacentes, procure ajuda se necessário, e tome medidas para restaurar o equilíbrio. Seu corpo é seu aliado mais fiel, e suas mensagens são um guia valioso para uma vida mais saudável e plena.

Ouça sua voz interior e dê a volta por cima. Hoje há recursos para isso. Busque terapia, faça exercícios, pratique meditação e melhore sua respiração. Sinta seu corpo trabalhando a seu favor.

O mais importante nesse gerenciamento do estresse é você identificar gatilhos que aumentam sua ansiedade. Você tem de identificar seus pontos fracos.

Trate o estresse em 5 minutos

Pode parecer exagero, mas, se você praticar o autocuidado, o sentimento de estresse vai embora imediatamente. Quando estiver se sentindo assim, saia e busque ar fresco. Tome uma água e caminhe por uns cinco minutos. Pode ser no quarteirão do seu próprio trabalho. Ao voltar para o escritório, a sensação já vai ter diminuído. É preciso saber liberar a pressão!

Ações como essa restabelecem o foco. Sabe aquele momento em que você está na frente do computador e nada acontece? De repente, você precisa entregar um relatório ou buscar informações para uma reunião, mas seu cérebro está paralisado. Isso é o estresse agindo em sua carga máxima.

Não deixe ele te dominar.

Mas essa é uma batalha permanente. Para isso, é fundamental que você adquira novos hábitos de vida. Eu, por exemplo, gosto de ler livros sobre espiritualidade. Eles me dão conforto e aumentam minha paciência e tolerância.

Também passei a acordar uma hora mais cedo para ver o nascer da manhã, meditar, praticar ioga e poder me alimentar em paz, sem interferência de trabalho ou de mensagens no celular. Pratico exercícios e faço alongamento. Tente encontrar o que te faz bem.

E lembre-se: na batalha contra o estresse, a mola propulsora é a ansiedade. Ela age quando você coloca muito peso nas preocupações do futuro e esquece de viver o presente. Cuidado!

Novas descobertas

Essa minha gana por gerenciar o estresse a partir de abordagens naturais me levou a encontrar alternativas interativas que também melhorassem outros aspectos da minha vida. Uma delas foi a Ayurveda, que pode ser traduzida como "ciência da vida".

Ela data de cinco mil anos e trata-se de um sistema holístico de saúde que visa promover o equilíbrio entre corpo, mente e espírito para prevenir doenças e promover o bem-estar. Para essa ciência, uma pessoa é única. Por isso o tratamento deve ser individualizado.

Na ayurveda, há diferentes perfis de pessoas, que, por consequência, têm sua própria energia, ou, como eles chamam, *doshas*. O meu é chamado de Vata, e indicou que meus pontos fracos em termos de saúde estão no estômago e no intestino. Veja que fantástico. Levei uma vida sofrendo por algo que a medicina integrativa poderia já ter me apontado. Mas, como dizem, nunca é tarde!

A partir dessa descoberta, tive várias recomendações, como não beber água gelada, pois ela atrapalha minha digestão. O café, pelo qual eu era apaixonada, também foi cortado, pelo fato de aumentar a ansiedade. E, pasmem, saladas cruas foram consideradas nocivas para o meu perfil. Troquei por legumes cozidos e quentes. Incorporei vários chás e especiarias na minha rotina. Tudo na minha vida melhorou.

Mas eu também queria equilibrar minha microbiota intestinal. Foi então que descobri outra técnica: a ozonioterapia. Trata-se de uma terapia que envolve a utilização terapêutica do ozônio, um tipo de oxigênio composto por três átomos de oxigênio (O_3). Essa prática tem sido utilizada em várias áreas da medicina, incluindo odontologia, dermatologia, fisioterapia, medicina estética e tratamento de doenças crônicas.

Normalmente, a ozonioterapia é administrada por aplicações no reto. É um procedimento bastante simples e é um ótimo reforço para o sistema imunológico, pois favorece a recuperação da saúde intestinal, reduz a inflamação do corpo e tem ação antimicrobiana.

É verdade que no passado a ozonioterapia era colocada em xeque, principalmente pela comunidade médica. Mas atualmente ela é autorizada pela lei brasileira como tratamento complementar, e os procedimentos ficam restritos a profissionais autorizados e equipamentos liberados pela Agência Nacional de Vigilância Sanitária (Anvisa).

Esses são apenas alguns exemplos para lembrar que você é o responsável pelo seu autocuidado. Se algo te incomoda, identifique e reaja. Ninguém fará isso por você!

Superação dos problemas de saúde

Estar imersa na medicina integrativa me trouxe uma confiança renovada no poder da cura. Descobri que o equilíbrio entre as abordagens tradicionais e alternativas é essencial para uma saúde plena. A ciência nos oferece uma base sólida para entender e tratar doenças, mas é igualmente importante valorizar as práticas complementares que podem ampliar nossas opções terapêuticas. Muitas vezes, essas duas abordagens devem caminhar lado a lado, como companheiras inseparáveis na jornada pela saúde.

Imagine-se em um caminho sinuoso, onde de um lado temos a medicina tradicional, com seus avanços tecnológicos e descobertas científicas, e do outro a medicina integrativa, com suas práticas ancestrais e holísticas. Juntas, elas formam uma estrada mais ampla e segura, capaz de nos levar a um destino de bem-estar completo.

Ao abraçar essa combinação, senti que estava tratando os sintomas e cuidando da minha essência. A medicina integrativa me ensinou a olhar para o meu corpo como um todo, a entender que cada parte dele está interligada e que o equilíbrio é a chave para a verdadeira cura. Foi como se eu tivesse encontrado um mapa que me guiava para uma vida mais saudável e harmoniosa.

Essa jornada me mostrou que não precisamos escolher um caminho ou outro. Podemos e devemos aproveitar o melhor de ambos os mundos. A ciência e a tradição, a tecnologia e a natureza, a razão e a intuição. Juntas, essas forças nos oferecem uma abordagem mais completa e eficaz para cuidar de nossa saúde.

Nesse contexto, minha vida transcorria sem sobressaltos até que comecei a enfrentar dificuldades em situações simples do dia a dia. Como já comentei, sempre fui apaixonada por exercícios e academia. Ocorre que, após a menopausa, o ligeiro ato de levantar o braço se tornou uma tarefa dolorosa e limitante. Era impossível praticar qualquer atividade de musculação, por exemplo.

A sensação era insuportável. Realizei uma série de consultas médicas e exames, no entanto nunca se chegava ao motivo das dores. Foi então que um ortopedista trouxe o diagnóstico preciso: capsulite adesiva.

— Mas, afinal, o que é isso, doutor? — perguntei na sala de consulta. Para minha surpresa, jamais tinha ouvido falar dessa condição.

> Conhecida popularmente como "ombro congelado", a capsulite adesiva é uma enfermidade na qual a cápsula que envolve a articulação do ombro inflama e endurece. Essa ação resulta em dor intensa e limitação significativa dos movimentos, dificultando atividades corriqueiras, como se vestir ou levantar objetos.

Pode parecer simples, mas não é. Conforme indicado por uma pesquisa alemã divulgada no *Journal of Psychiatric Research*[9], pacientes diagnosticados com capsulite adesiva enfrentam um maior risco de desenvolver problemas de saúde mental. O estudo abrangeu um total de 29.258 indivíduos com a condição e um grupo equivalente sem ela. Os resultados revelaram uma incidência de depressão significativamente maior no primeiro grupo, atingindo 17,5%, em comparação a 8,7% no segundo núcleo.

A condição pode surgir sem uma causa clara, mas frequentemente está associada a traumas, lesões ou condições médicas preexistentes, com incidência maior entre mulheres de cinquenta e sessenta anos. O tratamento geralmente engloba fisioterapia para melhorar

---

[9] Síndrome do ombro congelado: saiba como identificar e tratar esse problema. Disponível em: https://www.terra.com.br/vida-e-estilo/saude/sindrome-do-ombro-congelado-saiba-como-identificar-e-tratar-esse-problema,aac9e6829d1352acf4cbb99772867761lu2dkmcp.html. Acesso em: 28 jul. 2024.

a mobilidade e reduzir a dor, bem como medicamentos para controlar a inflamação e o desconforto. No entanto, o médico logo tratou de sugerir uma solução para o problema.

— Vamos operar! É uma cirurgia supersimples. Mas depois você precisará de sessões de fisioterapia para restabelecer o movimento.

Saí do consultório bastante reflexiva. Como alguém que havia acabado de conhecer os benefícios da medicina integrativa poderia, já no primeiro diagnóstico, realizar uma cirurgia? Fiquei com esse questionamento por alguns dias, até que encontrei uma estratégia ao conversar comigo mesma.

Como eu precisaria fazer sessões de fisioterapia após a cirurgia, por que então eu não poderia iniciar esse tratamento sem a operação? Entrei em contato com uma clínica especializada e, no primeiro dia de exercícios, não conseguia nem sequer apoiar o braço na mesa de atividades. A dor era incapacitante.

E um ponto importante: acredito que a fisioterapia, entre muitos benefícios, tem um papel educativo em mostrar que o progresso é parte de um processo. Muitas vezes pensamos em uma solução imediata. Nossa geração não tem paciência. Isso é um fato.

No entanto, assim como na fisioterapia, em que um pequeno movimento constrói a base para a próxima etapa de reabilitação, na vida, cada desafio superado e cada experiência vivida são blocos de construção que nos impulsionam em direção ao nosso crescimento pessoal e amadurecimento emocional. Mas não posso omitir: a dor durante o processo foi intensa.

Por coincidência, ou talvez não, há quem diga que dores nos ombros podem refletir o peso emocional que carregamos em nossas vidas. Nesse período, me recordo claramente de que meu estado emocional se encontrava extremamente fragilizado. Às vezes, o corpo sente nossa tristeza e reclama. Foi o que aconteceu comigo.

No auge das crises, recorri a outras abordagens, como o tratamento com ondas de choque, que estimulam o tecido, as células e os vasos sanguíneos, e aplicação de ozônio na região afetada. O tratamento pode ajudar a melhorar a circulação sanguínea, diminuir a inflamação e aumentar a entrega de oxigênio e nutrientes para os tecidos.

Confesso que houve momentos em que eu não conseguia usar o braço para lavar os cabelos, no entanto não cogitei fazer cirurgia. Tinha dito a mim mesma que essa seria a última opção.

Não que eu tivesse algo contra o procedimento cirúrgico, mas acredito que toda operação representa algum nível de risco ao paciente. Claro que é preciso reverenciar os avanços da medicina e de seus profissionais, mas penso que é fundamental esgotar as possibilidades de cura antes de uma intervenção mais invasiva.

E foi com essa crença renovada na capacidade do corpo de se curar que superei a capsulite adesiva. Optei por não seguir o caminho da cirurgia, confiando na abordagem da medicina integrativa e na minha própria determinação. Ao longo de vinte sessões de fisioterapia, combinei técnicas tradicionais com práticas complementares que fortaleceram meu corpo, minha mente e espírito.

Com persistência e cuidado, as dores cederam e eu recuperei minha saúde e minha qualidade de vida. Essa jornada me lembrou do poder da integração entre corpo, mente e espírito, e fortaleceu minha convicção de que, com determinação, persistência, o cuidado certo e a atitude positiva, podemos superar qualquer desafio.

Terapias complementares como um norte de vida

A pandemia da covid-19 pegou a todos de surpresa. As mortes em sequência e o isolamento levaram muitas pessoas a se questionar.

Muitas desenvolveram quadros de ansiedade e depressão, sintomas que ainda permanecem. Nesse período, lembro que fiquei com a minha família em Jundiaí, na casa em que vivo. Como não havia muitas opções do que fazer, comecei a me expressar nas redes sociais, fiz um *blog* de saúde e, despretensiosamente, passei a falar sobre técnicas que uso no dia a dia para tornar a vida mais leve.

Para minha surpresa, meu público seguidor se engajou de maneira genuína. Dicas de meditação, de como ter um sono tranquilo, de alimentação e de como respirar foram alguns dos conteúdos que mais agradaram as pessoas, que sempre me pediam mais e mais. Foi a partir desse contexto que decidi escrever este livro. Mas, se você chegou até aqui, pôde perceber que esta obra vai além de simples dicas de como viver.

Utilizei estas páginas para inspirar você, mas também para mostrar que um iceberg pode ser mais profundo do que se imagina. Minha luta contra a anorexia foi um dos momentos mais delicados pelos quais passei, e quem me conhece hoje não imagina quanta dor essa doença me fez passar. Mas sobrevivi a ela.

A depressão, que começou sorrateira quando me mudei com a família para o interior, é outro capítulo que exigiu muita capacidade interna, muita força de vontade. Busquei recursos na medicina integrativa, com a força da natureza para me curar. E foi a melhor decisão que tomei.

Com essa abordagem, encontrei um caminho que não só tratou os sintomas, mas também as causas, promovendo uma sensação permanente de bem-estar profundo e duradouro. A medicina integrativa, com sua combinação de tratamentos convencionais e terapias complementares, abriu portas para uma recuperação holística, em que corpo, mente e espírito são tratados como um todo. A força da natureza, com suas ervas medicinais, técnicas de relaxamento e práticas milenares, mostrou-se poderosa e transformadora.

Esse novo olhar para a vida me curou das doenças que eu enfrentava e me proporcionou uma nova perspectiva de encarar o dia a dia, mais equilibrada e harmoniosa. É essa jornada de transformação e autoconhecimento que compartilho com você neste livro. Espero que, ao ler estas páginas, você também possa encontrar, na natureza e dentro de si mesma(o), as respostas para uma vida mais plena e saudável.

Autoconhecimento

Antes de saber para onde ir, é fundamental saber de onde você veio. Entender sua história fará de você uma pessoa mais completa e segura das decisões. Isso só se descobre a partir de técnicas de autoconhecimento. Tente fazer coisas sozinha(o). Faça uma viagem solo, descubra novos lugares, respire ares diferentes.

Caminhar na praia pela manhã ou em uma trilha nas montanhas é um excelente catalisador da natureza. Às vezes, quando faço isso, parece que eu sou a própria natureza. Sinta essa experiência. Ouça o canto dos pássaros, sua respiração, o barulho do tênis contra a terra. Logo você ouvirá também o seu eu interno. E é lá que estão as respostas que buscamos.

Espiritualidade

A espiritualidade, em sua essência, nos convida a olhar para dentro, a buscar um sentido mais profundo e a conexão com algo maior do que nós mesmos. Ela nos oferece um caminho para compreender nossa verdadeira natureza e o propósito de nossa existência.

A espiritualidade tem a ver com se conectar a algo maior do que nós mesmos, seja Deus, o Universo, ou simplesmente a energia que sentimos ao nosso redor. É uma maneira de encontrar paz e propósito na vida. Para começar, tente reservar alguns minutos do seu dia para ficar em silêncio e refletir. Pode ser meditando, rezando, ou apenas respirando profundamente. Preste atenção aos seus sentimentos e pensamentos, e tente entender o que eles estão te dizendo. Também é importante ser gentil consigo mesmo e com os outros, praticando a gratidão e o amor. Lembre-se: a espiritualidade é uma jornada pessoal e única para cada um de nós, então encontre o que funciona melhor para você e siga seu coração.

Terapia

Se você tiver condições, faça terapia. Ela pode ser um passo transformador rumo à sua melhor versão. Com ela, podemos modificar comportamentos e hábitos destrutivos, resolver sentimentos dolorosos e aprimorar nossos relacionamentos. Além disso, ela nos ajuda a melhorar a autoestima e a encontrar o equilíbrio necessário para enfrentar os desafios da vida.

Música

Em 1977, a Nasa lançou uma sonda chamada Voyager, para cruzar o sistema solar até atingir o espaço interestelar. Os últimos registros de comunicação dão conta de que ela ainda segue nesse caminho, do jeito que foi planejado. Na oportunidade em que foi lançada, os cientistas incluíram a bordo da nave um disco de ouro chamado *The golden record*, contendo, entre sons e imagens, 27 músicas que ajudariam quem o recebesse a entender um pouco mais sobre a raça humana. Composições como a "Sinfonia n. 5", de Beethoven, e "Johnny B. Goode", de Chuck Berry, estão na lista de hits para os nossos vizinhos alienígenas.

Tudo isso para dizer que a música é tão especial que fez parte de um dos projetos mais importantes da exploração espacial. Por isso, ela também deve estar presente na sua vida. A música tem uma energia diferente, que mexe com nosso organismo. Isso só de ouvir. Agora imagine se você aprender a tocar um instrumento! A percepção muda completamente e seu cérebro passa a sentir a experiência de forma mais intensa. Faça um teste!

Arte

Entender e estudar arte são ações extremamente positivas para a saúde. Conectar-se com as cores, os traços e a história dos artistas nos leva para outro patamar de conhecimento. Quem experimenta ir além e se arrisca em pinceladas ajuda a desenvolver o lado motor, o que pode ser uma estratégia poderosa contra o envelhecimento.

Apostar em habilidades manuais não só aprimora a coordenação e a destreza, mas também estimula o cérebro, promovendo a neuroplasticidade, que é a capacidade do cérebro de se reorganizar e formar novas conexões neurais ao longo da vida.

Fora isso, envolver-se com a arte pode ser uma forma eficaz de lidar com o estresse e a ansiedade.

Jardinagem

Não importa se você mora numa casa ou num apartamento pequeno, sempre há espaço para praticar jardinagem. Pode reparar: um simples vaso de planta ou flor muda a atmosfera do ambiente, principalmente se a pessoa vive sozinha. É como se houvesse um novo morador no ambiente, um ser que necessita de atenção para continuar vivo.

O cuidado com as plantas nos torna mais atenciosos e cientes da nossa limitação como espécie, pois, assim como os vegetais, nós também precisamos nos alimentar diariamente para nos mantermos vivos. No fundo, trata-se da mesma relação.

Acredito que cultivar plantas, podar galhos e "sujar" a mão de terra ajuda a manter nossa humildade na vida.

Cozinhar

Você já notou a diferença entre receber um prato finalizado na sua mesa ou participar do preparo da comida e depois saboreá-la? São sensações completamente diferentes.

Estar presente na elaboração do cardápio e manipular os alimentos amplia o vínculo com o alimento. A comida tem uma energia muito importante. Por isso que, quando estamos em um grupo de amigos e passamos a cozinhar juntos, os aromas e sabores ganham outra dimensão.

Veja o sucesso que foi a produção de pães caseiros durante a pandemia. Todo mundo foi para a cozinha. Isso porque o processo de assar o alimento incluía todo um trabalho de sova da massa, o que ajudava a aliviar o estresse.

Autocuidado e bem-estar

Tem coisa melhor do que você se sentir linda e segura? Olhar para o espelho e sair com uma impressão ruim acaba com a nossa autoestima. É por isso que é fundamental ser vigilante, afinal, não é todo dia que estamos satisfeitas com a nossa aparência.

Nesses momentos, é fundamental usar a estratégia. No dia em que você se sentir mal consigo própria, não tome um comprimido a mais do remédio que seu médico receitou. Em vez disso, vista uma roupa que te deixe empoderada. Arrume o cabelo, vá ao salão fazer as unhas e escolha um batom bonito. Isso vai ampliar demais a sensação positiva sobre você.

Depois, dê uma volta na praça ou no shopping, tome um sorvete, visite uma livraria ou uma exposição. Essas ações vão deixar seu dia mais para cima e você de bem consigo mesma!

Treine seu olhar

Muitas vezes, quando estamos tristes, é comum nosso olhar focar apenas no que é negativo. De repente, você passa por uma praça e só enxerga a má conservação do espaço público, mas não repara no número de flores novas que surgiram de uma semana para a outra. Isso diz mais sobre você do que sobre a praça em si.

Passe a valorizar os pequenos detalhes que podem trazer alegria: o brilho do sol entre as folhas, o som dos pássaros cantando, a lua em suas diferentes fases, o sorriso de uma criança brincando. Exercitar esse hábito de buscar a beleza no cotidiano pode transformar sua perspectiva e, gradualmente, melhorar seu estado de espírito. Com o tempo, você descobrirá que, mesmo em dias difíceis, há sempre algo positivo e inspirador ao seu redor, esperando para ser notado.

Ioga e meditação

Nosso corpo precisa ser explorado e nada melhor do que movimentá-lo constantemente. Técnica milenar, a ioga consegue unir ao mesmo tempo o físico, a mente e o espírito. Lembro que a primeira vez que fiz parecia que eu tinha nascido de novo, tal foi o bem-estar que a prática resultou.

Assim como ela, outra técnica ancestral é a meditação, que pode ser realizada de diversas formas. Há pessoas que meditam caminhando, outras paradas.

O fato é que exercitar a meditação amplia a qualidade da nossa saúde mental e ajuda a domar os pensamentos.

Para quem está em busca do constante autoconhecimento, ambas as modalidades são indicadas para um dia a dia sem ansiedade e com maior estado de paz.

Dança

À medida que envelhecemos, os médicos e diversos especialistas recomendam que nosso cérebro seja desafiado. Para isso, nada melhor do que estimulá-lo a praticar atividades nunca antes realizadas. Uma delas é a dança. Às vezes, só de ver duas pessoas dançando, nosso corpo já sente uma enorme satisfação; imagine se você for o agente envolvido no exercício!

Atualmente, há inúmeros estudos que mostram os benefícios da dança na saúde de pessoas de todas as idades, uma vez que a atividade atua como terapêutica contra a ansiedade e o estresse. Para os idosos, dançar é, além de tudo, um ato de interação e sociabilidade. Para casais mais jovens, a dança ajuda a ter mais conexão e intimidade. Que tal começar hoje?

Atividades em grupo

Depois que os celulares e as redes sociais passaram a fazer parte das nossas vidas, ficamos ainda mais reclusos. Essa é uma característica dos tempos modernos, especialmente após o período de isolamento da pandemia de covid-19. Para nossa saúde mental, essa é uma péssima receita. Por isso, sempre recomendo que as pessoas façam algum tipo de atividade em grupo, ampliando a sociabilidade e construindo novas amizades.

Participar de clubes de leitura, fazer cursos de idiomas ou simplesmente sair para bater papo com amigos ou em reuniões familiares são ações terapêuticas que só fazem bem. Lembre-se: todo mundo precisa ter uma rede de apoio. Ela é fundamental para o nosso bem-estar.

Estude sempre

Mantenha seu cérebro ativo com informações novas. Com as pessoas vivendo cada vez mais, é fundamental retardar o envelhecimento e, ao mesmo tempo, se proteger de doenças degenerativas, como o Alzheimer.

Uma opção é nunca perder a capacidade de fazer cálculos de cabeça, ou até mesmo percorrer rotas nas ruas. Os aplicativos são um grande avanço da sociedade moderna, mas um fato é que eles exigem cada vez menos do nosso raciocínio. Isso é muito ruim para o cérebro, pois o órgão começa a se acomodar. Evite isso a qualquer custo.

Pratique ações voluntárias

Infelizmente o Brasil não é um *case* de voluntariado. A realidade do país impede que as pessoas pratiquem mais atividades em prol do outro, sem que isso tenha uma contrapartida financeira. No entanto, em alguns momentos essa realidade é transformada. Vimos isso durante a tragédia climática que devastou várias cidades do Rio Grande do Sul, em 2024.

Em poucos dias, pessoas de diversas partes do Brasil deixaram suas casas para oferecer o melhor que tinham para ajudar a reconstruir o estado. Só da área da saúde, mais de 7 mil profissionais se colocaram à disposição para ajudar famílias que perderam tudo nas enchentes.

Além de ajudar o próximo, ao realizar ações voluntárias, nós alimentamos nossa alma. É aquele sentimento de dever cumprido e de atuar de forma significativa para o futuro dos mais necessitados. Faça a diferença!

Estilo de vida e sua importância para a saúde

Imagine viver cada dia com energia, disposição e um sorriso no rosto. Esse é o poder de um estilo de vida saudável. Adotar hábitos positivos, como uma alimentação balanceada, prática regular de exercícios físicos e momentos de relaxamento, não só melhora a saúde física, mas também eleva o bem-estar mental e emocional. Pequenas escolhas diárias, como optar por alimentos frescos, caminhar ao ar livre e reservar um tempo para hobbies, podem transformar sua rotina e trazer uma sensação de equilíbrio e felicidade.

O impacto de um estilo de vida saudável vai além do corpo; ele se reflete na mente e no espírito.

Quando cuidamos de nós mesmos, estamos mais preparados para enfrentar os desafios diários com resiliência e otimismo. A saúde não é apenas a ausência de doenças, mas um estado de completo bem-estar. Portanto, ao priorizar um estilo de vida saudável, você está investindo na sua qualidade de vida e garantindo um futuro mais vibrante e pleno. Faça escolhas conscientes e veja como cada pequena ação pode criar um grande impacto na sua jornada para uma vida mais feliz e equilibrada.

Descobrindo a plenitude através da espiritualidade

Quando revisito os capítulos da minha vida, percebo que havia um vazio dentro de mim, uma sensação de incompletude que parecia impossível de preencher. Esse vazio não era apenas emocional ou físico, mas profundamente espiritual. Sentia como se algo essencial estivesse faltando, uma peça crucial do quebra-cabeça da minha existência.

Foi nesse momento de introspecção que comecei a explorar a espiritualidade como uma forma de preencher esse vazio. A espiritualidade, em sua essência, nos convida a olhar para dentro, a buscar um sentido mais profundo e a conexão com algo maior do que nós mesmos. Ela nos oferece um caminho para compreender nossa verdadeira natureza e o propósito de nossa existência.

Ao mergulhar nesse universo espiritual, comecei a perceber que o vazio que sentia era, na verdade, um chamado para me reconectar com minha essência e com o universo ao meu redor. Práticas como a meditação, a contemplação e a busca por conhecimento espiritual me ajudaram a encontrar uma paz interior que eu nunca havia experimentado antes. Descobri que a espiritualidade não se trata de dogmas ou rituais, mas de uma jornada pessoal de autodescoberta e conexão.

Essa jornada espiritual me mostrou que o vazio que eu sentia não era algo a ser temido, mas sim uma oportunidade para crescer e evoluir. Ao abraçar minha espiritualidade, encontrei um sentido mais profundo para minha vida e uma sensação de completude que antes parecia inalcançável. A espiritualidade me ensinou que, ao nos conectarmos com o divino e com nossa própria essência, podemos preencher qualquer vazio e encontrar a verdadeira paz e felicidade.

Mensagem para um novo começo

Ao contar minha história e falar sobre como superei minhas questões de saúde, convidei você para um bate-papo bem íntimo. É como se estivéssemos sentados um de frente para o outro, com uma xícara de café na mão, e eu começasse a abrir meu coração. Contei não só sobre as vezes em que tropecei e caí, mas também sobre cada vez que consegui me levantar.

Nessa conversa, não quis só falar das lágrimas derramadas. Quis celebrar com você cada pequeno sorriso e cada momento de alívio que às vezes chegava quando eu menos esperava. Com minhas experiências, meu maior desejo é acender uma luz de esperança e mostrar que, mesmo quando tudo parece perdido, sempre existe um caminho para a gente se reencontrar.

Minha jornada até aqui foi uma verdadeira aventura, cheia de altos e baixos. Ao longo destas páginas estão relatos de como busquei respostas em todos os lugares possíveis. Experimentei de tudo um pouco, desde remédios tradicionais até aqueles métodos que quase ninguém conhecia. Em cada passo que dei, fui aprendendo um pouco mais sobre como cuidar de mim mesma, como se cada escolha fosse uma peça que, aos poucos, completava o quebra-cabeça da minha saúde.

Ao compartilhar tudo isso com você, não quero só contar uma história de superação. Desejo, de coração, passar adiante tudo o que aprendi. Espero que você tenha assimilado que não importa o tamanho do desafio, todos nós temos uma força incrível dentro de nós, capaz de nos fazer enfrentar qualquer coisa. E mais: que minha história seja um convite para você também cuidar mais de si, acreditar na sua capacidade de mudar e se curar.

Receba meu relato como um abraço apertado, um sussurro no ouvido dizendo que, sim, é possível encontrar paz e saúde, mesmo depois da tempestade.

E lembre-se: não importa sua idade, sempre é hora de ressignificar sua vida. Então, independentemente do capítulo da vida em que você esteja, sempre é possível virar a página e começar uma nova história. Abrace essa jornada com coragem e otimismo, pois a capacidade de transformar sua existência está nas suas mãos, em cada escolha que você faz, todos os dias.

Minha história não termina aqui. Estamos juntos nessa caminhada de constante evolução e descoberta.

Com carinho,
Nanda Carvalho

Descubra mais além das páginas do livro!

Caros leitores,

É com grande entusiasmo que convido cada um de vocês a dar o próximo passo em sua jornada de aprendizado e crescimento pessoal. Se você se sentiu inspirado pelas ideias e insights apresentados, tenho o prazer de informar que há muito mais esperando por você!

Visite nosso site e descubra uma variedade de recursos especialmente desenvolvidos para aprofundar seu conhecimento e expandir suas habilidades

Cursos on-line: desenvolvidos para oferecer uma experiência de aprendizado abrangente, nossos cursos cobrem uma ampla gama de tópicos que complementam o conteúdo do livro.

Palestras inspiradoras: junte-se a nós em eventos ao vivo onde discutimos temas relevantes e inovadores, proporcionando uma oportunidade única de interação e troca de ideias.

Workshops práticos: participe de sessões práticas e dinâmicas que permitem aplicar conceitos em situações reais, promovendo um aprendizado ativo e envolvente.

Acesse o site **www.dranandacarvalho.com.br** e explore tudo o que preparamos com tanto carinho e dedicação. Estamos ansiosos para recebê-lo em nossa comunidade de aprendizado e ajudá-lo a alcançar novos patamares de conhecimento e realização!

Agradeço por sua confiança e apoio contínuo.

Leia o QR Code com a câmera do celular

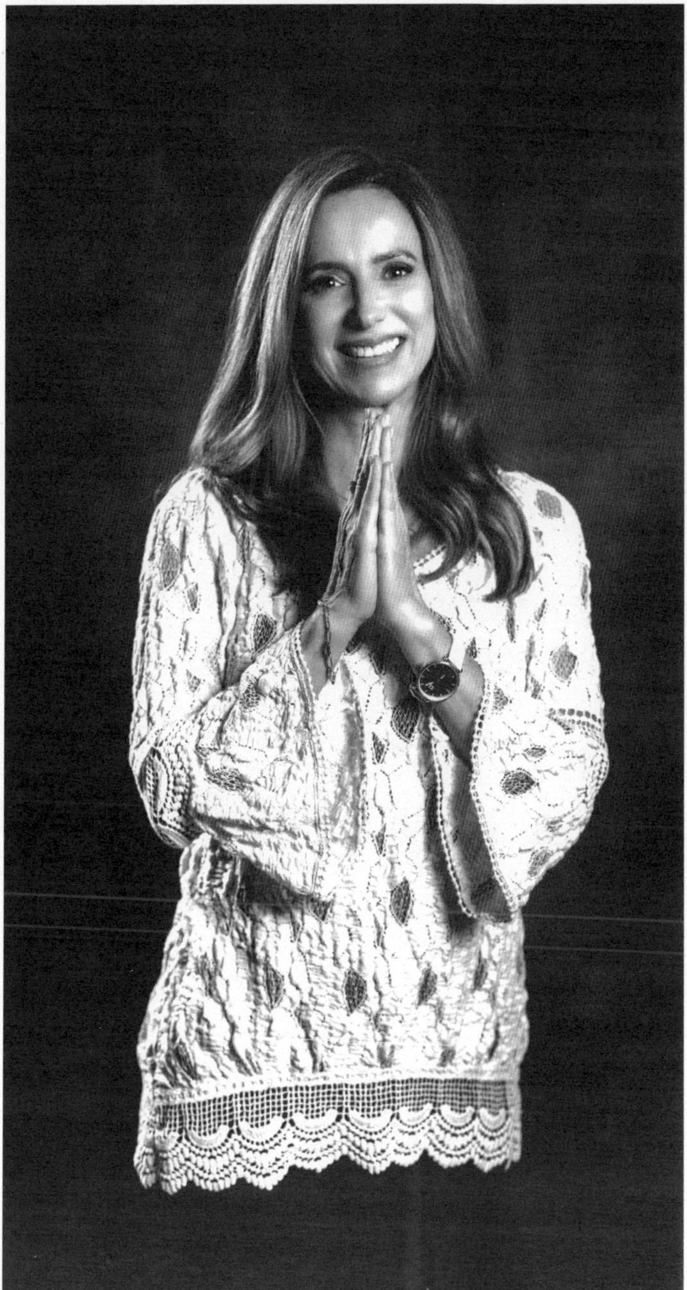

FONTE Baskerville, Begum, Berling
PAPEL Pólen Natural 80 g/m²
IMPRESSÃO Paym